Vorwort

Dieses Buch ist meine erste Veröffentlichung. Es basiert zum Teil auf Erfahrungen aus meiner Vergangenheit jedoch auch zu aktuellen Themen und Gedanken die mich beschäftigen. Dieses Buch soll nichts in irgendwelche Lichter rücken. Das geschriebene ist mein persönliches Gedankengut. Ich möchte Menschen, euch die mein Buch lesen möchtet, inspirieren und bereichern. Heutzutage geraten viel zu viele Dinge in den Vordergrund die einfach nur auf Oberflächlichkeiten und Unwichtigem basieren. Mit meinem Buch möchte ich Denkanstöße geben und wichtige Themen ansprechen. Ich möchte zur Weiterentwicklung der Menschen beitragen und Sichtweisen erweitern. Auch will ich einen Einblick in einige persönliche Abschnitte meines Lebens geben um vielleicht Mut und Kraft an diejenigen zu senden, die sich aktuell in einer dieser Situationen befinden.

Herstellung und Verlag:
BoD- Books on Demand, Norderstedt
ISBN: 978-3-7481-4234-8

„Nobody is perfect"

*Liebe Dich und
Dein Leben.*

Kapitel 1

Infragestellungen

Was bedeutet es echten Erfolg zu haben? Wie gelingt es mir wirklich „schön" zu sein? Und wo finde ich wahres Glück?

All diese Fragen beschäftigen uns ständig im Laufe unseres Lebens. Aber warum stellen wir uns fast täglich Fragen? Oder stellen wir vielleicht „Uns" selbst in Frage? Was bewegt uns überhaupt zu ständigem Grübeln über alles und jeden?

Auch diese kurze Textpassagen die du eben gelesen hast sind Infragestellungen und Grübeleien die ganz schnell und völlig unbewusst entstehen. Wisst ihr was ich denke was der Grund für dieses riesige Spinnennetz aus Fragen, Antworten, Gedanken und Überlegungen ist, ich glaube wir spinnen es im Laufe unseres Lebens zusammen, weil wir nicht wissen wer oder was wir eigentlich sind.

Was ist unsere wirkliche Rolle im Leben, was beschreibt völlig ehrlich und rein unser selbst? Ich denke jeder von uns hat eine Ahnung wer wir gerne sein würden, aber keiner von uns weiß wer wir wirklich und vollkommen echt sind.
Wir beschränken uns eigentlich nur auf Aussagen die über uns getroffen werden, und deren beinhalteten Bewertungen über unseren Charakter, das Aussehen und unsere Fähigkeiten. Schlicht und einfach gesehen: je mehr wir so sind wie es andere erwarten, desto „perfekter" sind wir in deren Augen.
Komischerweise fühlen wir uns selbst dann meistens nicht wohl. Aber was ist der Grund für dieses Unwohlsein? Wir wollen doch in den Augen anderer glänzen oder wissen wir selbst nicht was unser Wille alles beinhaltet?

Der Grund für dieses Unwissen und die damit verbundene Unsicherheit ist sehr komplex, jedoch liegt er mir persönlich auf der Hand.
Unser Hirn und die damit gesteuerte Wahrnehmung wird ständig von tausenden Dingen beeinflusst und überreizt. Wir sind kaum noch in der Lage Informationen in die „richtigen Schubladen" einzusortieren. Schnell fokussieren wir uns auf unwichtiges und oberflächliches. Wir nehmen unser Unwissen, unseren Gedankenirrsinn einfach hin und verlassen uns auf möglicherweise manipuliertes Wissen und Unwahrheiten. Im ersten Moment erscheint es uns als viel unkomplizierter, angenehmer und einfacher, das ist es aber auf lange Sicht meistens nicht.

Täglich sehen wir Bilder von Menschen die makellos, perfekt, erfolgreich und glücklich sind. Aber sind diese Menschen es wirklich oder sind es nur die perfekt dargestellten

und inszenierten Momentaufnahmen
die uns genau das glauben lassen?

Die Welt ist voll mit Dingen die uns
alles einfach machen sollen und
Dinge die angeblich das unmögliche,
möglich machen sollen.
Aber was ist der Preis dafür?

Ich frage mich warum es so viele
Suizide unter Stars, die
augenscheinlich alles haben was ein
Mensch zum „Glücklichsein" braucht,
gibt? Ist das der zuzahlende Preis für
dieses Leben?

Frauen die uns perfekt erscheinen,
ohne Makel und Schönheitsfehler
sind, werden von ihren Männern
betrogen. Menschen die sich auf
Grund seelischer Erkrankungen
wegen ihres „Aussehens"
Schönheitsreparaturen unterziehen,
basteln jahrelang an einem perfekten
Aussehen und landen dann doch in
einer psychiatrischen Einrichtung.

Perfekte Ehen die so erfolgreich und glücklich erscheinen werden ein paar Monate später geschieden.

Menschen die im Luxus leben und einen Monatsgehalt haben der einem Jahresgehalt eines unseren gleicht, gehen Pleite und sind dem Ruin nahe.

Was läuft hier eigentlich falsch? Ist es Karma? Ist es Schicksal? Was ist der Grund für all diese verrückten und gegensätzlichen Ereignisse?

Wir sollten uns diese Textpassage mal etwas genauer bewusst machen, vielleicht bekommst du schon einige Antworten und Erklärungen....

Kapitel 2

Das Schlüsselprinzip

Wenn ich in den Spiegel schaue möchte ich etwas anderes sehen. Vollere Lippen, längere Haare, eine kleinere Nase, weniger Speck, größere Brüste, eine schlankere Taille. Wenn ich in den Kühlschrank schaue finde ich nichts was mich anspricht. Wenn ich in meinen Kleiderschrank nachsehe, finde ich nichts zum anziehen. Wenn ich einen freien Tag habe, möchte ich nichts tun und mich ausruhen und beschwere mich im Nachhinein über zu wenig Zeit Dinge zu erledigen.

Ich glaube in mindestens einem Satz wirst auch du dich wiederfinden.

Komisch oder? Liegt es daran das jeder Mensch grundsätzlich das unerreichbare anstrebt? Will man immer dann unbedingt etwas wenn man es nicht haben kann und wenn man es schlussendlich hat, dann will man es eigentlich doch nicht haben. Du, ich, wir alle sind ziemlich komplizierte Wesen.

Was ist wenn wir einfach nur nach einem Grund suchen der uns zum „Glücklichsein" verhilft, nur leider das Glück nicht in Dingen oder anderen Menschen liegt sondern ganz allein in uns selbst. Jetzt denkst du dir bestimmt „ja genau das ist der Schlüssel, genau das ist das Problem was wir alle haben!

Diese Sache mit dem Glück, liegt ganz allein bei uns,
wir selbst sind der Schlüssel"…

Aber kennst du das wenn ein Schlüssel durch den ständigen Gebrauch, das falsche Benutzen manchmal plötzlich verbogen ist und nicht mehr richtig in das dafür vorgesehene Schloss passt, du kannst so oft versuchen die Tür aufzuschließen wie du willst, die Tür öffnet sich nicht.
Der Schlüsseldienst wird gerufen und ein neues Schloss muss her, mit dem neuen Schlüssel geht die Tür dann wieder auf,

bis durch die selben Fehler und Abnutzungen auch dieser Schlüssel irgendwann nicht mehr passt.

Du bist der Schlüssel, das Schloss ist dein eigenes Glück.

Je mehr du versuchst gewaltsam dein Glück zu öffnen, desto mehr nutzt du den Schlüssel ab und am Ende öffnet sich die Tür gar nicht mehr . Die Zeit vergeht trotzdem und irgendwann merkst du das du Jahrelang am selben Schloss hängst mit einem Schlüssel der niemals mehr passen wird. Klar kannst du es austauschen, aber mit den selben Fehlern wird es immer wieder zum selben Schluss kommen.

Ich hoffe du kannst mir mit meinem Schlüsselbeispiel einigermaßen folgen und verstehst was ich meine. Es soll nur als kleines einfaches Beispiel darlegen, dass es an dir selbst liegt ob und vor allem wie lange der Schlüssel passen wird oder nicht.

Kapitel 3

In der Ruhe liegt die Kraft

Durch die heutige mediengeprägte Gesellschaft ist es in diesem Jungle voller Fake News, Photoshop und industriellen Lügen schwer etwas selbstständig , klar und ohne „rosarote Brille" zu betrachten. Alles was wir sehen ist geprägt von bewusst oder unbewusst erlebten, gesehenen, gehörten & gefühlten Dingen. Wirklich alles. Es entsteht kaum etwas in uns ohne Manipulation durch irgendetwas oder irgendjemanden .

Aber das ist eben so, dafür sind wir teilweise gebildeter, entwickelter in vielen Dingen und selbstständiger im Handeln als frühere Generationen ohne all diese Medien. Jedoch haben wir durch diese heutige Zeit auch viele Wichtige Dinge verlernt. In Einigem waren uns unsere früheren Generationen und Vorfahren durchaus weit voraus. Schaue dir einige Urvölker an, Menschen die ohne Hilfsmittel gigantische Gebäude erbaut haben.

Formeln und Berechnungen
entwickelt haben und teilweise für
Wunderheilungen verantwortlich
waren. Und das alles ohne Internet
und Fernsehen.

Das alles gibt dir jetzt wahrscheinlich
den Anschein es wäre hoffnungslos
dein Glück zu finden und das Leben
zu Leben was du dir vorstellst unter
deinem.
Nein, es ist natürlich nicht ganz
hoffnungslos. Wir sind zwar leicht zu
manipulieren und in jedem Bereich
beeinflussbar, aber natürlich sind wir
keine Roboter die keine eigenen
Entscheidungen treffen können.

Wir alle können unseren Geist
trainieren und unsere Gedanken
zähmen. Das geht nicht mit einem
dieser tollen Kurse „Gedankenfreiheit
in 2 Wochen" oder „In 10 Tagen zur
Erleuchtung", vergesst so einen
Blödsinn.

Diese Superkurse sollten „Wie verdiene ich in 10 Tagen viel Geld von gutgläubigen Schwachköpfen" heißen.

Training bedeutet Zeit, Willen, Bereitschaft zur Entwicklung und Integration in den Alltag. Das heißt du solltest dich am besten mit dem Gedanken anfreunden das du die Ruhe deines Geistes möglichst jeden Tag, dein Leben lang suchst und dafür sorgst das dein Geist entspannt und deine Gedanken geordnet sind.
Es gibt so viele schöne Möglichkeiten Ausgeglichenheit zu erlangen und zur Ruhe zu kommen.
Jeder muss nur für sich seine eigenen Strategien entwickeln, jeden Tag ein paar Minuten Ruhe und Achtsamkeit in seinen Alltag zu lassen.

Mir persönlich helfen ein paar Dinge zum Beispiel das Meditieren.
Dabei achte ich nicht drauf, dass ich jeden Tag meditieren muss,
oder es immer eine bestimmtes Zeitfenster erfüllt.

Nein! Ich meditiere wann ich möchte und so lange ich mich bereit fühle. Einen Tag sind es 10 Minuten einen anderen Tag sind es 20 oder auch nur 5, ganz egal. Am Ende fühlst du dich gut und beruhigt.

Eine weitere Entspannungsquelle für mich ist das Kochen, es entfacht meine kreative Seite und lässt meine Gedanken frei, ich denke beim Kochen nicht über irgendwelche anderen, unwichtigen Dinge nach. Lesen lässt mich ebenso abtauchen und entspannen.
Manchmal wenn ich einen stressigen Tag hatte, lege ich mich einfach eine Zeit lang hin und mache eine Traumreise oder eine Meditation im Liegen.

Das Spazierengehen schafft ebenso ein gutes Körpergefühl und abends kann man wunderbar einschlafen.

Ihr seht es gibt tausende Möglichkeiten.

Jeder sollte für sich einen Raum für Entspannung, Ruhe und Kreativität schaffen.

Je klarer der Geist, desto klarer die Entscheidungen. Je klarer die Entscheidungen desto besser dein Körpergefühl.

Je besser das Körpergefühl desto größer dein Selbstwertgefühl. Je größer dein Selbstwertgefühl desto glücklicher dein Leben. Je glücklicher dein Leben desto ehrlicher dein Empfinden. Je ehrlicher dein Empfinden desto wahrhaftiger deine Kommunikation....

Also fange an den ersten Schritt zu machen und es werden weitere Schritte folgen, manche größer, einige kleiner. Du gehst deinen Weg und das ist die Hauptsache.

Wichtig ist, verlange dir nicht zu viel auf einmal ab. Du bist ein Mensch mit Emotionen und Gefühlen.

- „Es ist nicht immer einfach aber es ist nie unmöglich!" -

Stehe zu deinen Schwächen und nehme sie an. Stehe zu dir und akzeptiere dich. Jeder Mensch macht Fehler. Auch Fehler sind Erfahrungen und jede Erfahrung wird dein Leben auf lange Sicht gesehen bereichern.

Kapitel 4

Individuelle Gleichheit

Jeder Mensch hat schon mindestens zwei mal gelogen. Jeder Mensch hatte schon mindestens einen kranken, verrückten Gedanken. Jeder Mensch hat schon mal eine Person verletzt oder zu unrecht schlecht und ungerecht behandelt. Jeder hat schon mal etwas gestohlen und wenn es nur unbewusst war, hast du es wieder zurückgegeben?

Wenn du ehrlich bist sind wir uns alle in einigen Sachen sehr ähnlich.

Oftmals höre ich einen Gedanken und denke „mhmm.. darüber hab ich auch schon mal nachgedacht." Dann komme ich zu dem Entschluss das wir alle häufig die selben Gedanken haben.

Manchmal wenn ich etwas abgefahrenes, mir sehr seltsam vorkommendes Gedacht habe frage ich meinen Mann ob er auch schon mal solch einen Gedanken hatte. Zu 99% stelle ich fest, das er meine Gedanken ganz oft teilt.

So wie es um unsere Gedanken steht
ist es höchstwahrscheinlich auch mit
unseren Wünschen und Ängsten. Klar
gibt es mal hier und dort
Abweichungen und nicht jeder denkt
einen Gedanken identisch gleich,
aber im Endeffekt sind wir uns alle
näher als wir denken und manchmal
möchten.

Eigentlich ist das doch eine
wundervolle und beruhigende
Nachricht, da das schlussendlich
bedeutet das keiner von uns sich
besser oder schlechter als andere
fühlen sollte.

- „Wir sind Menschen mit Emotionen
keine Roboter, auch wenn man unter
dem ein oder anderen Gefühlsfaulen
einen vermuten könnte …!" -

Kapitel 5

Jeder Weg hat eine Abzweigung

Ich hatte schon immer das Gefühl nicht so gut, oder hübsch wie andere zu sein. Wenn jemand in meinen Augen gut oder vielleicht besser war, dann habe ich immer so ein Gefühl von Schwäche bekommen.
Dieses Gefühl hat mir gesagt, du bist nicht hübsch und nicht klug genug, eigentlich bist du ein Niemand, lass es einfach und versuche erst garnicht jemanden mit irgendetwas zu beeindrucken.
Diese Person die du siehst ist viel interessanter und schöner als du es jemals sein wirst also, Bye Bye!

In der 6. oder 7. Klasse habe ich mich dann versucht nach monatelangem, vielleicht auch 2,3 Jahre langem Mobbing zu verändern. Äußerlich und auch meine Verhaltensweise.
Das alles ging teilweise eine zeitlang gut, bis irgendwann ein paar Personen trotzdem einem anderen Grund fanden mich zu verurteilen und schlecht zu machen.

Ich kam also zu dem Entschluss, egal wie oder wer du bist, es wird immer Menschen geben die versuchen dir deine Lebensfreude zu nehmen, dein Selbstwertgefühl zu kastrieren.

Also was mache ich nun um damit umgehen zu können?

Weg 1: ich nehme mir die Worte zu herzen und versuche mich zu ändern um festzustellen das ich mich ständig nur für andere ändere und mich ständig hin und her wende, ohne persönlichen Erfolg.

Weg 2: ich schwimme im Strom mit und zahle es diesen Personen durch Gegenangriffe heim um im Nachhinein einsehen zu müssen das ich mich leider auf der selben Niveaustufe wie meine Angreifer befinde.

Oder Weg 3: Ich verstehe das diese Personen aus absoluter Unzufriedenheit mit sich selbst handeln. Ich habe Mitgefühl mit diesen Menschen und weiß was und wer ich bin. Ich liebe mich selbst und lächele über meine Angreifer.

Nummer 3 hört sich klasse an stimmt's?!

Leider ist es nicht immer einfach diesen Weg zu wählen. Je nach Verfassung fällt es dir leichter oder eventuell kommt er dir an manchen Tagen sehr schwierig und kaum umsetzbar vor.

Hier gilt ein altes Sprichwort: „Übung macht den Meister." Je öfter du dich traust und je gelassener du versuchst zu werden, desto einfacher wird es dir irgendwann fallen den 3. Weg zu gehen. Du wirst bei jedem mal mehr die Wirkung deiner Taten spüren. Und du wirst Stolz auf dich selbst und dein Handeln sein.

Ich bewege mich schon immer ein kleines Stück auf jedem Weg. Meine Person ist sehr einfühlsam und oftmals schnell hin und her gerissen. Außerdem lasse ich mich ab und an von meinen vergangenen Erfahrungen beeinflussen und leiten. Aber ich arbeite stetig daran dem einen oder anderen Weg nicht mehr allzuoft zu wählen.

Mein Weg hat quasi 3 Abzweigungen, die aber glücklicherweise zum selben Ziel führen.

Aber wisst ihr was das schöne ist, man kann wenn man alle Wege kennt schnell vom einem zum anderen Weg gehen.

- „Je mehr Wege du kennst, desto größer ist dein Horizont." -

Kapitel 6

Joker

Einige Menschen machen ihre Vergangenheit für all ihre Probleme, Frustrationen, Sorgen und Ängste verantwortlich. Sie stecken wortwörtlich in Vergangenem fest und projizieren dieses Vergangene ständig in das Hier und Jetzt. Sogar ihre Zukunft basiert auf der Vergangenheit... Ihr ganzes Verhalten, inklusive Denken und Handeln wird stetig von der Vergangenheit beeinflusst und manipuliert.

"Ich hatte eine schwere Kindheit, deshalb bin ich wie ich bin und kann mein Verhalten und meine Gedanken nicht ändern."

„Ich wurde als Kind geschlagen und bin deshalb oft aggressiv gegenüber anderen Mitmenschen"

„Meine Eltern haben mein Leben lang Drogen konsumiert, deshalb bin ich heute drogensüchtig"....

Es gibt noch tausende ähnliche
Aussagen, Anschuldigungen und
Ausreden für unser Tun, Handeln und
das aktuelle Wohlbefinden, aber wem
Helfen diese Gedanken?

Was sind diese Aussagen?
Ich glaube diese Worte aus den
Beispielen eben sind schlussendlich
nur „Joker".
Was ich mit dem Wort meine, ich
glaube wir benutzen diese „Joker" als
Ausrede für unser eigenes Handeln.
Die Schuld, oder die Fehler bei
anderen zu suchen, ist einfacher als
uns selbst Schuld und Fehler
einzugestehen.
Jeder von uns hat schon des Öfteren
einen dieser Joker benutzt. Wir sollten
uns jedoch bewusst machen,
Menschen machen Fehler, das ist
normal und gehört zur Entwicklung.
Doch Stärke zeigt man indem man
diese Fehler einsieht und daran
arbeitet es besser zu machen.

Ich möchte mich auf meinem
Lebensweg,

nicht auf Ausreden ausruhen, ich werde mich entwickeln und lernen um auf meinem Weg weiter voran zu kommen.

Unsere Joker, sollten diese Gedankenformen annehmen. Wenn wir unsere alten Muster lösen, können wir uns aus dem „Netz" der Ausreden befreien und weiter wachsen.

„Ich behandele andere Menschen respektlos, ich sollte jeden so behandeln wie ich behandelt werden möchte."

„Ich bin krank, ich bin süchtig nach berauschenden Substanzen die mich zu Tode bringen könnten, ich betäube nur meinen Seelenschmerz, heile ihn aber nicht durch diese Substanzen."

Ich selbst habe schon viele Menschen mit verschiedensten Charakteren kennengelernt. Von jedem einzelnen habe ich etwas lernen können.

Gerade betagte Menschen,
Menschen hohen Alters haben einige
Zeit hinter sich gebracht, erlebten
viele Situationen und können uns mit
ihrer Lebenserfahrung bereichern.

Ich lernte Menschen durch meinen
Beruf kennen die wirklich schwere
Zeiten durchlebten, sogar immer noch
durchleben.

Traf an Menschen in meinem nahen
Umfeld, die mir wahren Egoismus und
Neid näherbrachten.

Liebevolle Menschen die mir auch die
andere Seiten zeigten, Liebe, Glück
Verständnis und wahre Freundschaft.

Selbst in der eigenen Familie wurden
mir Charaktere noch näherer
gebracht, als mir selbst lieb war.
Fremde Menschen kamen in mein
Leben, die mich inspirieren und
verzaubern bis heute, auf eine so
zarte und leichte, lebendige Weise.

Mich machen diese Erfahrungen bezüglich all diesen Personen sehr reich.
Reich im Sinne meiner persönlichen Weisheit.
Ich habe vielleicht erst 25 Jahre Leben hinter mir, auf dem Buckel, wie auch immer, aber ich sage mit Stolz:

Ich bin eine emotional- intelligente, begabte, emphatische junge Frau mit einem Rucksäck'chen an Weisheit.

So aber lasst uns nochmal auf das Thema mit diesen „Jokern" zurückkommen.

- „Es ist einfacher einen Schuldigen für seine Taten zu finden, als sich selbst als Schuldiger an seine Taten zu binden." -

- „Sich selbst zu erkennen, sich selbst kritisch gegenüber zu stehen und sich zu reflektieren, erfordert Ehrlichkeit, Verständnis, Mitgefühl und Mut zur Veränderung."

Kapitel 7

Gedankenkarussell

Ich habe die letzten zwei Jahre wirklich viel dazu lernen können. Eine dunkle Zeit habe ich erfahren dürfen, die mir im Endeffekt mehr Licht in mein Leben gebracht hat als ich vorher jemals erwartet hatte.

Im Frühjahr 2016 fing diese dunkle Zeit langsam und schleichend an. Wie eine leichte Brise die sich mehr und mehr in einen gewaltigen Tornado verwandelte.

Damals zu dieser Zeit waren mir die Ausmaße jedoch nicht wirklich bewusst. Ich ging täglich zu meiner Arbeit, kam nachhause, erledigte Dinge bezüglich meines Hauskaufs, organisierte nebenbei noch meine bevorstehenden Hochzeit und führte halbwegs meinen Haushalt. Auch für Familie und Freunde hatte ich natürlich Zeit und pflegte meine Kontakte, mal mehr mal weniger. Irgendwann wurde mir mein Arbeitsplatz zunehmend stressiger.

Ich kam von meiner Schicht im Krankenhaus nach Hause und war einfach nur müde und geschafft, ich musste mich erst mal hinlegen um abzuschalten und Energie zu tanken. Natürlich erledigte ich noch alles andere was „wichtig" war und Abends als ich zu Bett ging, nahm das „Drama" seinen Lauf.

Mein Kopf fing an zu rotieren. Ich machte mir schon einen Plan zurecht „Wie organisiere ich meinen Frühdienst morgen um meine Arbeit in acht Stunden zu schaffen…" Gefangen in diesem Gedankenstrudel schaute ich alle zehn Minuten auf die Uhr um die Stunden zu zählen die mir noch an Nachtruhe bleiben würden.

Kennt ihr das, wenn ihr ständig die Zeit in Gedanken habt. Man macht sich verrückt, die Uhr läuft natürlich trotzdem weiter und im Endeffekt, kommt man schlussendlich nicht zur Ruhe.

Auf der Arbeit war ich natürlich kompetent & arbeitstüchtig wie immer. Auch hatte ich weiterhin Freude am Kontakt zu meinen Patienten, jedoch merkte ich, das von Zeit zu Zeit, Druck und Stress überhand nahmen. Das alles gefolgt von Anspannung und Frustration im Team und in einem Selbst.

Die Zeit mit meinen „geliebten" Patienten wurde täglich weniger. Aber auch meine Freizeit wurde weniger, vor allem die in meinem Kopf. Durch Whats App, Handy und sonstige Social Media war man ständig erreichbar, vor allem für die Arbeit. Man schaltet einfach nicht mehr ab. Ein Gefühl von ständiger Erreichbarkeit kann einem wirklich Energie kosten. Klar hätte ich mein Handy ausschalten können. Auch ein klares „Nein" hätte es getan, so war ich zu diesem Zeitpunkt jedoch nicht gestrickt.

Ich hatte kein gutes Gewissen, wenn ich wusste das meine Kollegen alleine im Stress versanken. Auch für meine Patienten wollte ich immer das bestmögliche.

Durch diesen Zwiespalt aus Gewissen auf der einen und Stress auf der anderen Seite, hatte ich langsam Angst die Lust und Power am Beruf zu verlieren und grübelte über einen eventuellen Jobwechsel.

Die Sache mit der Arbeit zu dieser Zeit war damals nur ein ausschlaggebender Punkt meiner vielen „Probleme". Ich hatte einiges was mich seit Jahren beschäftigte. Da ich immer Angst habe jemanden zu verletzen, oder einem Menschen eventuell auf den Schlips zu treten, lies ich einiges sehr lange Zeit ungeklärt.

Eine Sache war zum Beispiel etwas, was bislang in unserer Familie immer schon ein schwieriges Thema war, die Sache mit meinem biologischen Vater.

Mein Vater und meine Mutter waren nie verheiratet. Sie hatten eine Beziehung aus der ich schlussendlich entstand. Nach meiner Geburt trennte sich meine Mutter von meinem Vater. Irgendwann war ich zwei-, dreimal noch bei ihm in Portugal zu Besuch aber dann hatte ich nur noch Kontakt übers Telefon. Ich erinnere mich jedoch nur daran das ich wenn ich bei meiner Großmutter war, mit ihm telefonierte. Nach ein paar Jahren war das aber nicht mehr so und es gab keinen Kontakt mehr. Ich vergaß sogar das ich einen Vater aus Portugal hatte, und nahm an der neue Mann meiner Mutter, wäre mein Papa. Ich hatte auch nie daran gezweifelt. Eines Tages sagte mir meine Mutter jedoch das es nicht mein biologischer Vater sei, sondern ein anderer Mann aus Portugal.
Ich war damals so im Alter zwischen acht und zehn und verstand die Welt nicht mehr.

Ich bat darum meine Mutter solle es bitte nicht meiner Schwester erzählen, aus Angst davor ausgegrenzt zu werden und mir so Sprüche wie „das ist mein Papa, nicht deiner", anhören zu dürfen." Dieses Versprechen hielt meine Mutter über Jahre, leider sogar Jahrzehnte ein.

Mittlerweile war ich 23 und meine Schwester 19. Sie wusste immer noch nicht das wir unterschiedliche Väter hatten. Es brannte mir all die Jahre in meiner Seele, ich wollte es ihr gerne erzählen aber traute mich nicht. Ich hatte das Gefühl dieses Thema konnte ich nicht wirklich mit meiner Mutter besprechen aus Angst sie aufzuwühlen. Auch meiner Schwester, wollte ich es ohne Zustimmung von meiner Mama nicht einfach so sagen. Ein Familienstreit war das letzte was ich entfachen wollen würde.

Je mehr Zeit verging, desto mehr plagte mich mein „schlechtes Gewissen".
Meiner Schwester gegenüber kam ich mir wie eine Verräterin vor.

Sie in solch einer Unwissenheit zu lassen, war wirklich schäbig.

Ich nahm mir immer wieder vor diese Sache zeitnah zu klären. Diesen einem Ballast endlich loszuwerden. Aber wie das so ist, man schiebt es vor sich her und zwei Jahre später ist das Problem nach wie vor da und ungeklärt...

Kapitel 8

Notbremse

Es gab natürlich noch einige andere Dinge die mich seit einiger Zeit beschäftigten, viele Dinge die allerdings längst meiner Vergangenheit angehörten.
Aber wie das manchmal so ist, man holt sich immer und immer wieder vergangene Szenarien zurück in das Hier und Jetzt und lässt sich davon unbewusst lenken und beeinflussen.

Schlussendlich sagte mir mein Körper „Stop! Bis hier hin und nicht weiter!" Das was jetzt passierte, hätte ich mir niemals auch nur in meinen furchtbarsten Träumen vorstellen können...

Ich fuhr eines Morgens von meiner Nachtschicht nachhause als mich ein Gefühl von Unwohlsein überkam.

Mir wurde es plötzlich heiss, mein Kopf fühlte sich an als würde mir jemand einen engen Gürtel um die Schläfen schnallen.

Meine Lippen wurden leicht taub, es
bitzelte und pochte in meinem
Gesicht.
Ich bekam ein schweres Gefühl auf
der Brust und eine eigenartige Kälte
im Hals. Meinen Herzschlag nahm ich
hörbar wahr, so als würde mein Herz
im Kopf pochen. Ich fühlte das mein
Puls raste. Meine Beine begangen zu
zittern und sich fast schon zu
verkrampfen. Atemnot machte sich
breit.

Ich hatte Todesangst.

Meine Gedanken kreisten sich, ich
war mir sicher, so fühlt es sich an, an
einem Herzinfarkt zu sterben.

Ich krallte mich am Lenkrad fest und
fuhr wie fremdgesteuert nach hause.
Als ich aus dem Auto ausstieg, zitterte
ich so sehr, dass ich kaum stehen
oder gehen konnte.
Panisch und zitternd am ganzen Leib,
schloss ich das Hoftor auf. Ich
taumelte mit ganzer Kraft zu meinem
Ehemann an unser Bett.

Ich weckte ihn mit den Worten „Bitte bring mich in ein Krankenhaus, ich glaube ich sterbe gleich."
Schlaftrunken versuchte mein Mann mich zu beruhigen, er nahm mich in den Arm und setzte mich dann neben sich.

Er nahm mich an der Hand und sagte „Wir gehen jetzt an die frische Luft und laufen ein Stück." Seine Worte, alleine schon seine Anwesenheit beruhigten mich etwas. Ich merkte wie die Symptome schon etwas abflauten.

Wir waren eine gute Stunde unterwegs, wir liefen an alten Gärten mit Hühnern und Ziegen vorbei. Auch Pferde standen auf einer Koppel. Es war sehr früh am Morgen so gegen 6:30. Die Luft war schön kühl und frisch. Man konnte den Tau, die Wiesen und die feuchte Erde riechen. Nach einer Weile ging es mir plötzlich wieder gut. Die körperlichen Beschwerden waren wie weggeblasen.

Ich fühlte mich wieder beschwerdefrei und normal wie immer.

Keiner würde nach einem Herzinfarkt, gemütlich im Morgengrauen umherschlendern, da war ich mir sicher. Mit mir war an diesem Morgen etwas anderes passiert.

Ich wusste nun ich bin nicht körperlich Krank aber seelisch. Dieses Gefühl machte mir große Angst. Ich als lebensfroher, aktiver Mensch passte nicht in die Rolle eines „psychisch erkrankten Wracks".

Kapitel 9

Die Große Flut

Dieser Morgen war der große Startschuss. Seitdem hatte ich immer dieses „komische" Gefühl wenn ich von der Arbeit nach hause fuhr.

Das Gefühl war zwar nicht mehr so ausgeprägt was all diese Symptome betraf, aber es kam immer und immer wieder. Immer an der selben Stelle an der es angefangen hatte.

Nach einer Zeit fing es schon an, wenn es Abends langsam dunkel wurde. Ich bekam jeden Abend ein Gefühl der Angst. Irgendwann konnte ich nichtmal mehr schlafen, sobald ich mich hinlegte „Panikattacke".
Das alles machte mich irgendwann richtig paranoid, ich hörte ständig in mich hinein, tastete meinen Puls im Minutentakt ab und achtetet darauf ob ich irgendetwas hörte oder spürte was eventuell komisch sei.

Als Krankenschwester kennt man sämtliche Krankheitsbilder ob physisch oder psychisch.

Man kennt Symptome und passende Krankheiten. Ich fing darüber zu grübeln ob ich an einer Schizophrenie erkrankt sein könnte.

Natürlich wusste ich das eine Schizophrenie in der Regel von Geburt an vorliegt oder drogeninduziert entstehen kann, aber ich suchte krampfhaft nach einer Erklärung für meine derzeitige Situation. In meiner Familie gibt es bisher keinen der an einer Schizophrenie erkrankt ist oder sonstige Persönlichkeitsstörungen hat. Ich studierte nochmal genauere Symptome darüber und steigerte mich immer mehr hinein. Ich achtete darauf ob ich eventuell Stimmen hörte.

Natürlich hörte ich keine. Aber alleine diese Gedanken lösten in mir Angst und Paranoia aus.

Meine Angstzustände wurden dadurch noch ausgeprägter.

Bei jedem Rauschen in meinen Ohren dachte ich „habe ich Stimmen gehört?" Es war eine wirklich sehr schlimme und belastende Situation. Ich hatte immer größere Angst meinen Verstand zu verlieren. In meinen Gedanken saß ich schon bis an mein Lebensende in einer Anstalt fest, zugedröhnt mit Psychopharmaka.

Diese Zustände nahmen immer und immer mehr mein ganzes Wesen ein. Ich lachte kaum noch, ich war ständig unter Angst und Anspannung. Mein Gesicht im Spiegel war verzehrt und angespannt. Die Angst hatte mich komplett unter Kontrolle. Die Angst umhüllte meinen ganzen Körper und meinen Geist.

Jedoch arbeitete ich jeden Tag weiter und weiter und lies mir dort nichts anmerken. Ich setzte weiterhin ein Lächeln auf, auch wenn ich eigentlich seelisch ein „Totalschaden" war.

Wenn ich eine Panikattacke in meiner Schicht hatte, versteckte ich mich auf dem Klo oder versuchte mich gewaltsam mit irgendwelchen Aufgaben abzulenken.

Eines Abends hatte ich mal wieder Nachtdienst, ich spürte wie die Angst sich wieder langsam anschlich, es war so heftig das ich mich in dieser Schicht mehrmals übergeben musste. Ich meldete mich morgens direkt nach Arbeitsende krank. Ich konnte nicht mehr. Jetzt war ein Punkt erreicht. Wie sollte das alles weitergehen? So auf jeden Fall nicht mehr.

Ich erinnerte mich an ein Gespräch mit einer Arbeitskollegin die mir von ihren Erfahrungen mit einer Heilerin erzählte, damals hatte ich mir sogar rein aus Interesse die Handynummer dieser besagten Frau geben lassen.

Wie heißt es so oft; „Alles geschieht aus einem bestimmten Grund!"

Ohne zu überlegen schrieb ich dieser
Frau eine verzweifelte Nachricht mit
einer großen Bitte nach einem
schnellstmöglichen Termin. Ich bekam
direkt zwei Tage später den Termin für
eine Sitzung bei ihr. Diese Nachricht
war wirklich ein Funken Hoffnung in
mir, das endlich alles wieder in
normale Bahnen kommen könnte.

Ich hatte endlich einen kleinen
Rettungsring gefunden der mich
vielleicht zurück an Land bringen
könnte...

Schon beim Hinfahren wusste ich,
diese Frau kann mir helfen
meine Panikattacken zu überwinden.
Ich war voller Hoffnung und
Zuversicht.

Kapitel 10

Seelenheil

Als ich bei dem Haus der Heilerin ankam, packte mich ein leichtes Gefühl der Aufregung mit einem Hauch an Euphorie. Ich klingelte, als mir schon fast zeitgleich eine Frau aus dem Fenster zuwinkte.

„Du hättest ruhig vor der Tür parken können, ich mach dir auf."

Ich ging das Treppenhaus hinauf, die Frau stand schon vor der Tür um mich herzlichst zu empfangen.

Es war ein magischer Moment, denn ich fühlte ein Verlangen die mir fremde Frau zur Begrüßung zu umarmen. Als ich die Wohnung betrat, herrschte eine angenehme Atmosphäre, alles war sehr warm und einladend gestaltet.

Farben der Sonne und der Helligkeit vielen mir direkt ins Auge.
Es war eine sehr angenehme, beruhigende Stimmung.

Die Frau bat mich in ihr „Behandlungszimmer", schenkte mir aus einem großen gläsernen Krug, gefüllt mit Heilsteinen und klarem, erfrischenden Wasser ein.

Das Zimmer war ebenso warm und gemütlich eingerichtet. An der Wand hingen Bilder von Engeln, gemalten Engeln in verschiedenster Darstellung und energetischen Farben.

Die Heilerin machte einen sehr sympathischen Eindruck, sie hatte eine liebevolle, glückliche, emphatische Ausstrahlung.

Wir sprachen zuerst über die momentane Situation bezüglich meiner Panikattacken und meinen derzeit umgebenden Stressoren. Das Gespräch wurde von Zeit zu Zeit immer tiefgründiger und persönlicher.

Wir sprachen über meine Kindheitserinnerungen, über familiäre Verhältnisse und alles was mir so auf der Seele brannte.

Die Heilerin pendelte meine
Gefühlslage in verschiedenen
Ebenen, um zu sehen welche Gefühle
stark ausgeprägt sind und wie nahe
ich mir derzeit selbst bin. Ich hatte
mich zuvor niemals mit solchen
Dingen wie das Pendeln beschäftigt.
Ich dachte immer nur zur Hypnose
wird so ein Pendel benutzt. Dieses
Pendel wurde jedoch über eine Art
Diagramme gehalten die prozentual
verschiedenste Dinge darstellten.

Es war sehr interessant zu merken
das, das Pendel auf meine
Befindlichkeit wirklich korrekt
reagierte. Auch das ich nicht bei mir
war und meine Seele weit weg von
mir selbst ist, konnte ich gefühlsmäßig
bestätigen.

Ein Gefühl das ich ihr beschrieb,
begleitete mich schon seit meiner
Kindheit.

Ich hatte immer das Gefühl über dem Boden zu schweben, in der Luft zu hängen und keinen Untergrund unter meinen Füßen zu spüren.

Ihre Antwort war „Klar, du kannst dieses Gefühl auch nicht haben da du momentan und seit deiner Kindheit nicht geerdet bist!"

Sie schlug mir vor aufgrund meiner Erfahrungen in der Vergangenheit und der vielen Gefühlskonflikten in der Kindheit, eine Geburtsrückführung zu machen. „Teta- Healing" nannte sie es.

Ich begab mich also in eine liegende Position. Sie fragte mich, ob es für mich in Ordnung sei, wenn sie mich mit ihren Händen berühren und mir Engel in den Farben der Chakren auflegen würde. Ich stimmte zu und nun ging es los.

Anfangs tat ich mir eher schwer mich so wirklich gehen und treiben zu lassen.

An den Auflagepunkten der Engel
verspürte ich ein warmes, schweres
Gefühl.

Mein Körper war zuerst etwas
unruhig, ich spürte wie die Muskeln
meiner Extremitäten zuckten. Die
Frau spürte dies auch und legte sanft
ihre Hände auf meine Beine und
später auf meine Arme.

Sie sprach vom Zeitraum der
Schwangerschaft meiner Mutter. Sie
sprach zu mir als würde ich noch ein
Lebewesen im Leib meiner Mutter
sein. Die Frau ermutigte mich, mich
selbst geliebt und sicher zu fühlen.
Sie vermittelte mir bedingungslose
Liebe und Freude.

Bis hin zu meiner Geburt erfüllte sie
mich mit positivem. Sodass ich als
vollkommen glücklicher Mensch das
Licht der Welt erblickte, ohne
jegliches Gefühl von negativen
Gedanken oder Gefühlen.

Nach dieser Rückführung kam sie auf
dieses Gefühl was ich ihr im
Vorgespräch näherbrachte.

Ich hatte diesen Klos im Hals der mir
so schwer und riesengroß vorkam. Er
engte mich so ein, dass ich manchmal
das Gefühl hatte, ich könne nicht
mehr richtig schlucken und atmen. Ich
sollte ihr diesem „Klos" näher
beschreiben. Als ich ihr erklärte wie
dieser schwere Ball für mich aussah
und wie er sich genau anfühlte, fragte
sie mich was ich tun könnte das
dieser „Klos" kleiner werden würde.

Erst wusste ich nicht was sie damit
meint.

Die Frau bat mich es mit einem Ton
oder eine Art Gesang zu versuchen.
Ich brachte einen lauten, klaren fast
schon gesangsartigen Ton raus. Der
Ball in meinem Hals bewegte sich
zwar, wurde aber davon nicht wirklich
kleiner oder fühlbar angenehmer.

Sie fragte mich was mir noch helfen könnte dieses einengende Gefühl loszuwerden.

Das was ich jetzt sagte kam fast schon wie aus der Kanone geschossen aus mir raus. „Gott, ich glaube Gott kann mir helfen." Dieser Moment war so unglaublich intensiv und wundervoll.

Mich überkam ein vertraute Wärme. Ich spürte wie sich langsam dieses unangenehme Gefühl in meinem Hals auflöste. Die Frau sah mich an und erkundigte sich nach meinem aktuellen Wohlbefinden.

„Ich fühle mich besser, das beengende Gefühl in meinem Hals ist weg."

Sie legte ihre Hände nochmals auf meine Glieder und langsam neigte sich das Geschehene dem Ende zu.

Als ich mich langsam auf den Rand
der Behandlungsliege setzte, spürte
ich eine Erleichterung in mir. Langsam
ließ ich die Füße zu Boden gleiten.
Mir viel ein überraschendes Gefühl an
meinen beiden Füßen auf.

Meine Beiden Füße waren fest am
Boden, als wären sie mit dem
Untergrund verwurzelt.
Ich konnte den Boden unter mir
wahrnehmen.
Es fühlte sich an als hätte ich das
erste mal eine Verbindung zum
Boden. In diesem Moment spürte ich
meinen Körper als etwas „Ganzes"
was fest auf einem stabilen
Untergrund steht.

In meiner Erinnerung hatte ich zuvor
immer das Gefühl ich würde in der
Luft schweben, immer ein kleines
Stück über dem Boden. Dieses
Gefühl begleitete mich seit
Kindesbeinen an. Doch jetzt stand ich
fest auf der Erde , fast schon als
würde sie mich magnetisch anziehen.

Ich erzählte der Heilerin was ich
soeben verspürte.
Sie lächelte mich an und sagte „das
ist doch wunderbar, jetzt bist du
wieder geerdet!" Nie werde ich diese
magischen, einschneidenden
Momente vergessen.

Was mir diese kurzen aber intensiven
zwei, drei Stunden im Nachhinein
alles geschenkt haben ist einfach
unbezahlbar.

Kapitel 11

Gedankengang ins Grüne

Zuhause angekommen verspürte ich zwar weiterhin diese positive Energie, jedoch war ich einfach nur müde und erschöpft und legte mich kurze Zeit später ins Bett.

In derselben Woche noch überkam mich der Gedanke es doch mal mit Meditation und Yoga zu versuchen. Ich war mir jetzt bewusst, dass ich endlich anfangen musste, etwas für mich, meine Seele und meinen Körper zu tun.

Ich hatte mich schon vorher hin und wieder mit diesen Themen oberflächlich auseinander gesetzt, war aber der Meinung das ich mich nicht motivieren oder konzentrieren kann.

Wahrscheinlich kamen auch noch eine Brise Bequemlichkeit und Ablenkungsmanöver, durch andere unnütze Dinge zu dieser früheren Einstellung gegenüber der Meditation hinzu.

Nun aber dachte ich mir;

„Ich setzte mich jetzt mit dem Thema Meditation auseinander und schaue mir an welche Arten der Meditation zu mir passen, sodass ich mich wohl und motiviert fühle."

Ich stöberte durchs Internet und entdeckte auf YouTube einen Channel. Die verschiedenen Videos beinhalteten geführte Meditationen und Gespräche über verschiedene Themen, unter anderem Panikattacken und Angststörung. Einige Videos haben mir auf Anhieb gezeigt das ich mit meinem aktuellen Wohlbefinden keine Ausnahme war.

Es gab erstaunlicherweise wirklich viel mehr jüngere Menschen als ich dachte, die den selben oder sogar schlimmeren Symptomen ausgesetzt waren. Aus einigen Kommentaren und Feedbacks zu den Videos konnte ich entnehmen, dass Meditation eine gute Hilfestellung zur Stress- und Angstbewältigung ist.

Außerdem schienen mir die Meditationen als eine gute Alltagsstütze. Es gab wirklich einige positive Feedbacks zu diesem Thema.

Ich startete mit einer geführten Meditation zur Entspannung. Diese ging 15 Minuten. Ich machte es mir so gemütlich wie möglich und versuchte entspannt und „bewusst" zu sein. Es war eine sehr angenehme und positive Erfahrung, die mich auf meinem weiteren Weg zu mir selbst anspornte.

Nun gehörte das Thema Meditation zu meinem täglich Brot. Auf meiner Reise in diese, mir neue Welt entdeckte ich eine interessante App. Diese bietet sieben Tage kostenlose Nutzung an, nach Ablauf kann man sich dann für eine kostenpflichtige Variante entscheiden um die volle App zu nutzen. Ich startete also die Testwoche und merkte schnell das es eine wirklich wunderbare Möglichkeit war,

ein persönliches Programm zu wählen
und die Meditationen auf mich und
mein Befinden selbst abzustimmen.

Auch das Thema Angst wurde in
einem eigenen Meditations- Block in
geführten Meditationen bearbeitet.
Sogar für akute Panikattacken gab es
eine kurze geführte Atemmeditation.
Egal für welche Situations- oder
Emotionslage, eine breitgefächerte
Auswahl wird dir bei dieser „App"
angeboten.

Der themenbezogene und
umfangreiche Aufbau, sowie die
männliche, angenehme Stimme der
geführten Mediationen sagten mir
ebenfalls sehr zu. Ich persönlich
konnte mich sehr gut auf die
einzelnen Übungen einlassen.

Kapitel 12

Tapetenwechsel

Nach einer Woche vertiefte ich meine Meditationsübungen und entschied mich dazu, etwas Geld in diese wirklich hilfreiche Stütze zu investieren.

Neben der Meditation fing ich das Lesen wieder an. Ich besorgte mir Ratgeber zum Thema Angst und Panikattacken, merkte aber schnell das das intensive Beschäftigen mit diesem Thema mir schlussendlich doch mehr zusetzte als erwartet. Die Panikattacken wurden wieder häufiger und teilweise noch intensiver. Mir wurde klar, dass ich noch nicht bereit für eine radikale Gegenüberstellung zum Thema „Angst" war.

Zwischendurch redete ich des öfteren mit meiner Mutter über meine Symptome und Attacken. Meine Mutter litt selbst jahrelang unter einer schweren Angststörung.
Sie legte mir ans Herz mich mit „leichter Kost" zu beschäftigen.
Ich besorgte mir ein Märchenbuch „Mary Poppins".

Das Buch half mir aus meinem Alltagsstress zu entfliehen und in eine fantastische Welt voller Witz und Weisheiten abzutauchen.

Mit der Zeit fand ich viele Dinge um mein Wohlbefinden zu steigern und meine Seele zu pflegen und zu stärken. Ich besuchte einen Yogakurs, meditierte in meinen vier Wänden, tauschte mich über Erfahrungen aus, ließ mich von Büchern und Magazinen inspirieren, schaute mir Dokumentationen an und nahm mir Zeit für mich und meine Bedürfnisse.

Es folgten viele Tapetenwechsel in meinem alltäglichen Leben vor allem ein ganz großer, der meines eigenen „Glücklichseins" noch mehr strahlen verlieh; ich wechselte meinen Job.

Nach langem hin und her überlegen, Pro- und Contra- Listen gemalt in meinem Kopf, kam ich auf den Gedanken mich an eine Bekannte zu wenden. Ich erkundigte mich nach einer Arbeitsstelle in ihrem Betrieb.

„Ich spreche mal mit meiner Chefin"
war ihre Antwort.

Kurze Zeit später bekam ich die
Nachricht, ich solle mal eine
Bewerbung schicken.
Kaum zuhause von einem Frühdienst
in der Klinik, tippte ich ein
Bewerbungsschreiben sowie einen
aktuellen Lebenslauf auf meinem
Laptop und machte am selben Tag
noch meine Bewerbungsunterlagen
fertig.
Natürlich wollte ich meine Bewerbung
nicht unpersönlich mit der Post
schicken, ich kniff meinen Mut
zusammen, richtete meine Frisur legte
meinen natürlichsten Lippenstift auf
und fuhr los.

Als ich dort ankam, erkundigte ich
mich nach der Pflegedienstleitung.
Zu meinem großen Glück, hatte diese
direkt Zeit für ein kurzes Gespräch,
dass sich im Endeffekt als
Bewerbungsgespräch entpuppte. Es
hatte sich wirklich alles sehr positiv
und freundlich angefühlt.

Natürlich konnte die Entscheidung über meine Einstellung nicht direkt gefällt werden.

Ich fuhr also mit einem sehr guten Gefühl nach Hause.
Am Abend sprach ich über diesen aufregenden Tag mit meinem Mann. Er war sehr stolz auf mich und bestärkte mich in meinem Vorhaben meinen aktuellen Job zu wechseln. Außerdem gab er mir eine große Portion Selbstvertrauen indem er mir versicherte das die neue Arbeitsstelle mich nehmen müsste.

„Mach dir keine Sorgen mein Engel, du bekommst die Stelle sowieso! Wer wäre so blöd und würde dich nicht einstellen? Meine wundervolle Krankenschwester..."
 -Großen Dank an dieser Stelle an den wundervollsten Ehemann auf Erden.

Ein paar Tage später hatte ich eine Nachricht auf meiner Mailbox von der Pflegedienstleitung.

Ich meldete mich umgehend zurück und erhielt eine wunderbare Nachricht.

In der Beiratssitzung hatten sich die Vorgesetzten für meine Einstellung ab dem 01. Mai 2017 entschieden. Es war wirklich Balsam für meine Seele. In diesem Moment überkam mich Freude und Energie. Endlich setzte ich einen weiteren Startschuss für ein positiveres Leben.

Seit diesem Zeitpunkt arbeite ich nun auf meiner neuen Arbeitsstelle und ich habe es noch keine einzige Sekunde bereut. In meinem Beruf als Krankenschwester konnte ich seitdem noch mehr aufblühen. Ich liebe meine Arbeit und den so vertrauten Kontakt zu meinen Klienten.

Ich habe in dieser Zeit so viele inspirierende Lebenserfahrung gesehen, gehört und auch selbst gesammelt. Kein Geld der Welt könnte dies jemals ersetzen.

Dieses Jahr noch werde ich eine Weiterbildung zum Thema Wundexpertin machen.

An all diese Dinge hätte ich noch vor ein, zwei Jahren im Traum nicht geglaubt. „Man sollte doch öfter mal einen Tapetenwechsel ins Leben rufen."

Ja es hat sich einiges in meinem Leben, in meinem Alltag und auch in meinem Kopf geändert. „Ich musste für bestimmte Zeit das negative in mein Leben lassen, um die positiven Geschenke die das Leben für uns hergibt zu erkennen und endlich anzunehmen."

Seit meinem Jobwechsel und meiner Lebensumstellung geht es mir gut. Ich freue mich wirklich über jeden Tag. Draußen erkenne ich die Schönheit und die Freiheit unserer Natur.

Ich entdecke jeden Tag neue,
inspirierende Situationen, die mich
zum Nachdenken anregen und mir
zeigen wie schön und wertvoll es ist
leben zu können und leben zu dürfen.
Menschen und andere Lebewesen
zaubern mir immer öfter ein Lächeln
auf die Lippen. Mein „Ich" fühlt sich
zur Zeit wohl und glücklich. Der Weg
zu Gott hat sich wieder sichtbar auf
meinem gezeigt. Dankbarkeit erfüllt
meine Seele.

Auch meiner Angst konnte ich schon
mehrmals gegenüber stehen ohne
den Halt und die Kontrolle zu
verlieren. Ich bin gefestigter und habe
mehr Selbstvertrauen. Endlich habe
ich angefangen mich selbst als einen
guten Freund zu sehen.

Kapitel 13

Die Last der Altlasten

Zu einem guten Wohlbefinden gehört
es jedoch auch, altes zu klären.
Altlasten die die Seele vielleicht auch
nur ganz gering belasten.

Jede Belastung sollte irgendwann aus
dem Weg geträumt werden.
Denn auch wenn man es manchmal
nicht wirklich als Wichtig empfindet,
Dinge umgehend zu klären,
beschäftigen diese einen doch
irgendwie.
Sie sind natürlich nicht immer in den
Gedanken, aber hin und wieder
beschäftigt man sich doch damit.
Wenn wir uns nicht bewusst mit
Ungeklärtem beschäftigen, dann
erledigt dies trotzdem unser
Unterbewusstsein. Ob wir nun wollen
oder nicht...

-„Auch mit kleinen Päckchen wird dein
Rucksack irgendwann schwer und
untragbar!"-

Ein Thema musste nun endlich geklärt werden.

Koste was es wolle, ich hatte es schon viel zu lange hin und her geschoben. Das Thema mit meinem Erzeuger, Vater, wie auch immer. Es zog mittlerweile einen roten Faden hinter sich her. Ich wollte nicht länger diese Geheimnistuerei und die Unwahrheiten in meinem Rucksack weitertragen.

Also sprach ich dieses Thema dann doch bei meiner Mutter an, zu meiner Verwunderung reagierte sie doch recht sachlich und verständnisvoll darauf. Wir einigten uns es zusammen meiner Schwester zu erzählen, was dann auch ein paar Monate daraufhin geschah.

Der Tag X traf also ein. Ich überlegte mir schon einen Tag zuvor was ich sagen sollte, wollte oder würde...

Natürlich malt man sich vorher immer alles schon mal aus.

Man schreibt sich sein eigenes
Drehbuch. Sogar Dialoge werden
schon an die einzelnen Personen
unbewusst verteilt.

Ist es nicht unwahrscheinlich „krass",
wie sehr unsere Gedanken unseren
Kopf beherrschen. Sie breiten sich auf
unserem gesamten Organismus aus
und steuern unsere Emotionen und
sogar körperliche Empfindungen.

Ich verliere mich so oft in vorab
gedachten Szenarien, obwohl ich
weiß das es schlussendlich nur
MEINE Gedanken sind und
höchstwahrscheinlich nicht die
tatsächlichen Reaktionen die mich in
einem bevorstehenden Gespräch
erwarten.

-„Das Beurteilen der Zukunft ist so sinnvoll wie das verurteilen der Vergangenheit. Es führt nur zur Inszenierung falscher Gefühlen und Emotionen und erschwert die Gegenwart aufgebaut auf einer Basis von Unsicherheiten und Eigenproduktionen trügerischer Gedanken."-

Nun saßen wir alle drei endlich an einem Tisch. Ich hatte meine Mutter und meine Schwester zu einem gemeinsamen Frühstück eingeladen, um über mein Anliegen zu sprechen und endlich die Wahrheit auf den Tisch zu bringen.

Meine Schwester reagierte einerseits gelassen und total loyal, jedoch sah ich auch einen Funken Enttäuschung in ihren Augen. Dieses Gefühl kann ich absolut nachvollziehen.

Sie war enttäuscht darüber diese Sache jetzt erst zu erfahren, erst jetzt als sie schon erwachsene, neunzehn Jahre alt war.

Meine Mutter versuchte ihr eine Begründung zu geben, einen Grund dafür das sie es jetzt erst erfahren sollte. Schnell wechselte sich das Thema. Oberflächliche, banale Themen nahmen unseren Tisch ein.

Diese Art und Weise von Gesprächen schleichen sich immer dann ein, wenn andere Themen zu unbequem werden. So habe ich es schon oft beobachtet, in vielen Situationen mit vielen verschiedenen Persönlichkeiten.

Ich nehme an ihr könnt mir folgen was ich mit der Art und Weise von Kommunikation in den letzten drei Sätzen meine.

Kapitel 14

Die Macht der Lüge

Aber warum ist das eigentlich zu
99% so wenn ernste Gespräche
geführt werden? Warum schweifen wir
so schnell ab, anstatt uns unseren
Gefühlen und den Gefühlen und den
gesagten Worten anderer zu stellen?
Liegt es an unserer eigenen
Unsicherheit Dinge völlig wertfrei und
liebevoll zu betrachten?

Oder liegt es daran, dass wir Angst
vor dem harten Boden der Wahrheit
haben und wir es uns lieber in einem
Bett von Lügen bequem machen?

Ich glaube es liegt einfach in der
Natur des Menschen sich ein Umfeld
aus Unwahrheiten und Ausreden zu
schaffen und dadurch zu glauben,
sich einen Platz ganz vorne im Kino
der Gesellschaft zu sichern.

Die Realität zeigt uns jedoch immer
wieder, dass wir trotzdem nicht vorne
landen.

Vielleicht für einen Moment, aber jeder Moment wird irgendwann der Vergangenheit angehören.

Warum versuchen wir nicht von Anfang an ehrlich zu sein zu unserem Gegenüber und vor allem zu uns selbst?

-„Eine Wahrheit kann dich verletzten für einen Moment und auf längere Zeit. Die Wahrheit lässt dich jedoch wachsen und gedeihen auf deinem Wege. Eine Lüge kann dich glücklich machen und beruhigen für einen Moment, aber nicht auf längere Zeit. Die Lüge lässt dich unsicher werden und wird dich auf einen Irrpfad voller Schmerz, Schuld und Unwahrheiten führen, bis du fällst und den Weg zu dir selbst verlierst."-

Es ist wirklich erstaunlich wie einfach es uns fällt eine kleine Lüge über unsere Lippen zu lassen. Manchmal jedoch die Wahrheit zu sagen fällt uns so schwer das es manchmal Jahre dauert über unseren Schatten zu springen.

Ich glaube dieses Thema mit Wahrheit und Unwahrheit macht es der Gesellschaft umso leichter uns mit Lügen zu umwickeln, ohne dass es uns überhaupt auffällt. Wir glauben Dinge die unrealistischen Ursprungs sind, fühlen uns damit aber besser und sicherer. Schauen wir uns jedoch mein Zitat in diesem Kapitel an, sehen wir auf welchen Weg wir uns schlussendlich einlassen.

Das schlimme daran ist, dass die meisten Menschen diesen Weg gehen und immerfort denken sie würden am Ende ihr großes Ziel erreichen.

Nur leider merken sie erst am Ende, dass es der falsche Weg war, den sie Schritt für Schritt gegangen sind und bereuen es zu tiefst.

In den meisten Fällen kommt ihnen diese Erkenntnis jedoch erst dann, wenn das Leben bald dem Ende naht, dann wenn der Prozess des Ablebens beginnt und der Mensch sich mit seiner inneren Wahrheit auseinandersetzt.

Ist es nicht schrecklich, dass wir erst dann, wenn wir das Leben größtenteils hinter uns gebracht haben, anfangen über die wahren Werte des Lebens nachzudenken.

Hätten wir nur schon früher damit begonnen uns treu zu sein. Hätten wir nur schon früher Dinge geklärt um sie eventuell nochmal reparieren zu können.

Ich persönlich möchte im Alter friedlich und voller Liebe auf die Vergangenheit zurückblicken können. Ich möchte zufrieden sein mit meinen Entscheidungen und selbst die Entscheidungen die nicht optimal waren, mit liebevollem Blick ansehen und annehmen.

Es ist unser Leben das wir verändern können zu jeder Zeit. Wir sollten anfangen solange wir im Stande sind am Leben teilzunehmen, nicht erst dann wenn es dem Ende zu geht.

Je mehr Frieden wir in unser aktuelles Leben, in unseren Alltag lassen, desto friedlicher können wir uns dem Ende stellen. Jedes Leben hat ein Ende und es liegt in unserer Hand das bestmögliche zu erreichen, dass unser Ende ein friedvolles wird.

Hier noch ein paar wundervolle,
inspirierende Zitate, von sehr
wundervollen Persönlichkeiten zu
dem Themen Leben und Wahrheit:

- „Wer den Weg der Wahrheit geht,
  stolpert nicht." - (Mahatma Gandhi)

- „Es gibt nur zwei Fehler die man
  auf dem Weg zur Wahrheit machen
  kann; Nicht den ganzen Weg gehen
  und nicht beginnen. - (Buddha)

- „Alles was du sagst, sollte wahr
  sein. Aber nicht alles was wahr ist,
  solltest du auch sagen. - (Voltaire)

- „Immer wieder behauptete Unwahrheiten werden nicht zu Wahrheiten, sonder was schlimmer ist, zu Gewohnheiten." - (Oliver Hassencamp)

- „Nicht den Tod sollte man fürchten, sondern dass man nie beginnen wird, zu leben." - (Marcus Aurelius)

- „Leben, das ist das Allerseltenste in der Welt, die meisten Menschen existieren nur." - (Oscar Wilde)

Kapitel 15

Revolution des eigenen Ich

Ich bin der festen Überzeugung das jeder Mensch sich zu jeder Zeit weiterentwickeln kann. Jeder Mensch hat die Möglichkeit, sich für das „Eigene Wachsen", Wissen & Erfahrungswerte anzueignen und aus jeder Situation etwas mitzunehmen.

Auch wenn man keine finanziellen Mittel für Bücher, Kurse und sonstige kostenpflichtige Materialen hat, so hat jedoch jeder Mensch seine Sprache, seinen Geist und die eigene Wahrnehmung. Man muss sich kein teures Buch kaufen um sich zu Bilden.

Der Austausch mit anderen, Menschen verschiedener Kulturen, Menschen höheren Alters, Menschen im nahen Umfeld, Fremden, Personen aller Art, dass ist eines der wichtigsten und inspirierendsten „Lektüren" des Lebens.

Mir persönlich bringt solch ein Austausch immer wieder neue Ideen, Ansichten und manchmal auch Verständnis für Themen die ich eventuell zu engstirnig oder in einem falschen Licht sah. Dieser Austausch mit vielen anderen Menschen, hat mir vor allem Lebenserfahrung gegeben.

Ich persönlich spüre immer wieder das ich meinem Lebensalter, spirituell und intellektuell weit voraus bin.

Mein Leben besteht aus kindischen Episoden, damit meine ich die Liebe zu Disney, Trickfilmen, Gesellschaftsspielen, Märchenbüchern und meine hin und wieder kindische, verträumte und „freche" Art.

Aber es besteht genauso auch aus Spiritualität, Interesse an Geschichte und Antike, Tiefsinnigkeit,

Reflexion und dem eigenen stetigen Entwicklungsprozess.

Ich fühle mich oft auf einer Seite noch sehr kindlich, auf der anderen jedoch sehr weise und emotional intelligent.

Es gab Zeiten in meiner Kindheit da kam ich mir seltsam und anders vor. Selten gab es Menschen die ich mit meiner Identität nur annähernd vergleichen konnte. Ich fühlte mich sehr oft ausgegrenzt von meinem Umfeld. Es gab immer mal wieder „Freunde", die je nach Tagesverfassung auch schnell zu Feinden wurden. Ich hatte das Gefühl, Menschen würden sich nur Situativ anpassen.

Damit meine ich auf gut deutsch;

diese Personen waren heute nett zu dir und morgen kannten sie dich schon nicht mehr.

Komischerweise wurde ich immer wieder mit solchen Persönlichkeiten konfrontiert. Egal ob Schulzeit, Lehrzeit oder Heute, immer wieder treffe ich auf diese Art Mensch.

Es prägt und verletzt, abgelehnt und ausgeschlossen zu werden, aber es gibt dir eine Möglichkeit zu wachsen und es anders zu machen. Als Kind wurde ich anders behandelt von einigen Menschen in meinem Umfeld, ich war zu dick, zu behaart, hatte zu dicke Lippen; all das wurde mir von diesen Personen vermittelt.

Als ich mich anpassen wollte (für all die „Anderen"), war ich auf einmal zu dünn, mein Lidstrich war zu breit, meine Haare zu toupiert, meine Aussprache irgendwie komisch...

Als Kind versteht man dieses Verhalten natürlich auf eine andere Weise.

Man sieht eben noch durch die
Augen eines Kindes. Hätte ich damals
schon gewusst das all diese
Bemühungen vollkommen unnötig
sind, hätte ich wahrscheinlich mehr
Zeit zum Spielen gehabt...

Kapitel 16

Liebe macht lebendig

Ich habe immer und immer wieder versucht alles zu tun um von der Gesellschaft akzeptiert zu werden, bis zu dem Punkt vor 6 Jahren. Ich lernte meinem Mann kennen, einen Menschen der in mir etwas sah, das ich selbst vergessen hatte. Er brachte mich durch seine Liebe, seinen Respekt und seine Art von mir zu sprechen, wieder zum Strahlen.

Meine eingeschüchterte, graue Seele verwandelte sich in einen leuchtenden Paradiesvogel. Wir sprachen so viel über unsere Vergangenheit, unsere Kindheit, die vielen erlebten Quälereien durch andere Menschen, physisch sowie psychisch. Es war wirklich unfassbar das wir so viele ähnliche Situationen durchlebt hatten.

Auch seine Art zu kommunizieren erinnerte mich an meine. Unser erstes Gespräch war so intensiv und vertraut,

es kam mir vor als würden wir uns
schon ein Leben lang kennen. Dieser
Mensch faszinierte mich. Ich erkannte
direkt seine Seltenheit. In diesem
Augenblick sah und hörte ich nur ihn.
Mir war direkt bewusst das dieser
Mensch mir in Erinnerung bleiben
würde, mein Leben lang, denn nie
zuvor hatte ich so eine interessante,
ehrliche und vertraute Begegnung
erlebt.

Ich entdecke in unserem ersten
Gespräch, den Spiegel meiner Seele
in seinem Gesicht, in seiner Person.

Er öffnete mir die Augen. Endlich sah
ich das nicht ich die seltsame Person
war, die Menschen sind es die voller
Seltsamkeiten handeln und es vor
allem sind.

Je mehr Zeit verging desto weniger
war ich interessiert so zu sein wie es
andere gerne hätten.

Ich fing an mich immer und immer mehr anzunehmen, dass schöne in der Seltsamkeit zu finden. In dem Wort steckt ein weiteres Wort zu Anfang; „Selten", seltene Dinge sind besonders, da es nur wenige davon gibt.

So ein Mensch bin ich. Menschen wie ich sind selten. Es gibt sie sicherlich, aber nur auserlesener Maßen. Ich bin glücklich über meine Person, froh über meine Art und Weise zu handeln und zu kommunizieren. Ich schätze meine Stärken und erkenne meine Schwächen. Nehme alles so an wie es ist. Stoße an meine Grenzen, überwinde sie jedoch irgendwann.

Natürlich gibt es auch Tage an denen ich in den Spiegel schaue und nörgele.

Aber ich bin trotz allem Wissen und all meinen schlauen Einsichten, auch nur ein Mensch. Ein Mensch hin und wieder gesteuert durch Emotionen & Vergangenheit. Aber wie sagt man so schön: „Nobody is perfect!"

Komischerweise hat sich auch mit meinem Wandel mein Umfeld verwandelt. Die kritisierenden Menschen wurden immer weniger. Ich denke schwache Menschen, geben mehr Angriffsfläche und werden durch ihre unsichere Art leicht „aufgespürt" in der Gesellschaft.

Schwache Persönlichkeiten, bieten eine leichtere Angriffsfläche. Ein Mensch der durch das Umfeld das Gefühl von Schwäche eingetrichtert bekommt, fühlt sich auch irgendwann so... Er sieht durch die Augen der Richter, denn sein eigenes Augenlicht wurde durch die Richter mehr und mehr genommen...

Je mehr du versuchst so zu sein wie es andere von dir verlangen, desto weniger wirst du akzeptiert. Du wirst niemals gut genug sein. Diese Menschen haben kein Problem mit dir. Sie haben ein riesiges mit sich selbst. Diese Personen werfen ihre Unzufriedenheit auf dich ab, indem sie ihren Frust an dir ablassen.

Sie überblenden ihre eigene Hässlichkeit, indem sie dich als hässlich bezeichnen und dich behandeln als wärst du ein Monster.

- „Das Monster bist nicht du, es ist in ihrem eigenen Spiegelbild." -

Das wichtige ist, du und auch ich, wir dürfen uns vom diesen negativen Energien nicht beeinflussen oder runterziehen lassen. Wir dürfen uns nicht jedes Wort, jede Tat zu Herzen nehmen. Es klingt leicht, aber es ist ein Prozess.

Die einzigen Schwachen sind die, die andere Menschen demütigen und Verurteilen, aufgrund ihrer eigenen Ängste und Schwächen.

Kapitel 17

Selbstliebe ein lebenslanger Prozess

Und so wie das mit einem Prozess ist, wird es je nach dem welche Richtung du anpeilst immer leichter und klarer. Ich kann heute in eine Situation geraten und mir fest vornehmen;

„ich rege mich nicht auf und reagiere dieses Mal cool und souverän!"

Das Gegenteil jedoch trifft ein, mein Gegenüber hat mich durch seine herablassende Art verstummen lassen und meinem Selbstbewusstsein einen „Arschtritt" verpasst.

Diese Szenarien werden sich immer wieder abspielen. Je öfter du dir aber innerlich die Kraft übermittelst für Dich zu sprechen und unfaire Kritik an dir abprallen lässt, desto selbstsicherer wirst du irgendwann werden. Das kann beim einen, innerhalb eines Jahres so sein, beim anderen, können zwanzig Jahre vergehen. Du selbst bist in dieser Sache jedoch dein eigener Coach, je härter dein Training, desto schneller deine Erfolge.

Jeder Mensch ist auf eine gewisse Weise anders, sowie auch die eigene Motivation und die persönliche Entwicklung.

Auf einem Vortrag bei einer Weiterbildung, hat eine Verhaltensforscherin erzählt;

„Kein Gehirn gleicht einem anderen. Jedes einzelne ist individuell und anders verknüpft. Alle Synapsen im Hirn entwickeln und verknüpften sich auf eine individuelle Art und Weise. Somit gibt es keinen Menschen auf der Welt der zu 100% so denken und fühlen oder sich entwickeln kann wie du."

Jedoch gibt es natürlich ähnliche Denkweisen und Verhaltensmuster unter uns allen. Der eine Mensch gleicht uns mehr, der andere weniger...

Eines lass dir gesagt sein, ich bin mir meistens über die bestmögliche Reaktion bewusst, bin jedoch teilweise in der Vergangenheit „hängengeblieben".

Ich hoffe du verstehst was ich damit ausdrücken möchte. Oftmals werfen mich Aussagen und Konflikte in vergangenes Erlebtes zurück. Mein Unterbewusstsein bringt mir dann auch diese vergangenen Emotionen an die Oberfläche.

Je unausgeglichener ich dann bin, umso unkontrollierter sind meine Emotionen.

Meiner Meinung nach ist das aber ganz normal. Wir alle sind Menschen mit Emotionen und einer Vergangenheit, keine programmierten Roboter. Das wichtigste ist die ehrliche Reflexion seiner Selbst.

Diese Reflexion ermöglicht es dir, an dir und deinem Verhalten, jeder Zeit zu arbeiten. Sei dabei nicht zu streng mit dir, blicke auch dein „Fehlverhalten" liebevoll an und gebe dir selbst Zeit und Raum dich zu entwickeln. Du selbst bist dein größter Kritiker. Du selbst solltest jedoch auch dein bester Freund sein, denn du selbst bist der Mensch mit dem du bis an dein Lebensende auskommen musst. Das alles hat natürlich nichts mit Egoismus oder Eitelkeit zu tun.... Das alles ist ein Grundfundament auf dem Weg zur Selbstliebe.

Was bedeutet es sich selbst zu lieben?

Es ist wie alles ein weiterer Weg in deinem Leben. Manche Menschen haben diese Strecke schon im Kindesalter entdeckt und gehen diese bis heute auf gleichem Pfade. Einige andere Menschen gehen diesen Weg und lassen sich durch Verunsicherungen immer wieder auf falsche Abzweigungen lenken. Zu guter letzt gibt es leider auch Diejenigen, die noch immer nicht begonnen haben diesen Wichtigen Lebensweg zu beschreiten.

- „Du musst Dich lieben und annehmen, um einen anderen Menschen wahrhaftig lieben zu können. Solange du dich selbst verachtest und ablehnst, liebst du nur das Ideal in einem anderen Menschen, solange bis alltägliche Verhaltensweisen und mögliche charakterliche Schwächen die Oberfläche erreichen." -

Was tust du dir gutes? Wie zeigst du
dir selbst das du dich liebst? Wie
belohnst du deine Erfolge? Wie
tröstest du dich? Was liebst du am
meisten an dir? Wie zeigst du dir, das
du dich selbst schätzt?

Schau dir all die Fragen mal genauer
an, welche antworten kannst du dir
geben?

Vielleicht wird dir jetzt in diesem
Moment auch klar das du wenig oder
gar nichts für dich selbst tust.
Vielleicht merkst du aber auch das du
dich selbst doch mehr schätzt als du
dachtest. Das wäre natürlich
wunderbar, denn so soll es sein.

Falls du nicht ganz weist, was du dir
selbst gutes tun könntest, hier ein
paar schöne Vorschläge:

- Mache einen schönen
  Spaziergang, genieße die Ruhe
  und die schönen Farben, Formen
  und Lebewesen die Mutter Natur
  uns schenkt. Fühle dich frei und
  verbunden mit unserer Erde.
  Staune über die unendlichen
  Weiten unserer Felder und des
  Himmels. Mache dir bewusst das
  du Teil der Welt sein darfst.

- Gehe in ein Café, ein Bistro oder
  eine Bar das dir gefällt. Vielleicht
  hast du einen Lieblingsort an dem
  du dich wohl fühlst... Trinke ein
  leckeres Getränk, gönne dir ein
  wunderbares Essen. Betrachte
  Menschen, achte vor allem auf die
  fröhlichen, lachenden. Manchmal
  kann dich ein Lächeln anstecken.
  Genieße es Mensch zu sein. Freue
  dich über das Gefühl von
  Zusammenhalt und „Menschsein".

- Lese ein schönes Buch, oder lese ein interessantes Magazin deiner Wahl.

- Gehe Baden, stelle dir Duftkerzen, Räucherstäbchen oder schöne Lämpchen auf. Schaffe dir deine eigene Oase. Schalte entspannende Musik im Hintergrund oder eine schöne Traumreise an. Genieße die Entspannung, die Düfte und die wohltuende Wärme. Lass dich einfach fallen, massiere dich, fühle dich selbst.

- Höre deine fröhlichste Lieblingsmusik laut. Tanze durch dein Zimmer, deine Wohnung. Lache über dich. Freue dich und nimm dich zwischendurch selbst auf den Arm. Sei auf deiner eigenen Showbühne.

- Hast du ein Hobby oder eine Lieblingsbeschäftigung? Gehe dieser endlich mal wieder nach. Nimm dir Zeit für deine Kreativität, deine Muße, deine Beschäftigung und freue dich darüber das du dir Zeit dafür genommen hast. Schaue nicht auf die Uhr, Zeit spielt heute keine Rolle!

- Mache dir einen gemütlichen Abend oder Nachmittag auf der Couch. Sehr dir einen schönen Film oder deine Lieblingssendung an. Natürlich gönnst du dir dabei deine Lieblingssacks, leckere Süssigkeiten oder eine leckere heiße Schokolade. Heute achtest du nicht auf die Kalorien. Lass es dir einfach mal richtig gut gehen. Ziehe dir deine bequemsten Sachen an und hole dir deine kuscheligste Decke. Leg die Beine hoch und genieße die Entspannung all deiner Sinne.

- Besorge dir Sachen für ein paar Stunden nur für dich und deinen Körper. Heute gönnst du dir ein Beauty- Programm mit allem was du brauchst. Mache ein schönes Peeling für deinem Körper. Nimm eine erfrischende Dusche. Creme dich mit einer wohlduftenden Bodylotion oder einem Öl ein. Lege eine Gesichtsmaske auf. Lackiere deine Nägel. Zupfe deine Augenbrauen, wasche und Pflege deine Haare. Mache dir bewusst das du dich selbst pflegst. Als Mann kannst du dir mal wieder deinem Bart so rasieren das du dich wohl und schön fühlst. Jetzt nimmst du dir nur Zeit für dich und deinen Körper.

- Willst du dich endlich mal wieder richtig rausputzen? Verabrede dich doch mal wieder mit einem guten Bekannten, einem Freund/ einer Freundin oder deinem Partner.

Ziehe dir deine Lieblingskleider an. Schminke oder frisiere dich mal wieder. Schaue dich im Spiegel an und genieße den Anblick. Mache dir bewusst wie wunderbar und sympathisch du strahlst wenn du dich pflegst und stylst. Genieße deine Verabredung, mache Komplimente und vielleicht ein paar schöne Erinnerungsfotos.

- Treffe dich mal wieder mit deiner Familie oder deinen Herzensmenschen. Schaut euch alte Erinnerungen an. Sprecht über eure gemeinsame Vergangenheit, eure Erlebnisse. Tauscht euch über eure Wünsche aus. Spielt Gesellschaftsspiele. Lacht zusammen und genießt die gemeinsame Zeit. Feiert eure Gemeinschaft und zeigt euch wie gern ihr den anderen habt.

- Erfülle dir einen Herzenswunsch. Was wolltest du schon immer mal haben, unternehmen, sehen, essen, anziehen oder erleben? Mach es heute einfach. Suche dir einen Wunsch aus und erfülle ihn dir heute an diesem Tag.

- Setze dich mit deiner Person auseinander. Lege dir ein Büchlein oder einen Block für deine persönlichen Notizen an. Mache eine Liste; was magst du an dir? Was sind deine Wünsche und Träume, was deine Ziele? Nimm dir Zeit, vielleicht auch mehrere Tage. Gehe ehrlich und ohne zu bewerten in dich. Suche dir für dein Büchlein einen Platz aus, anderm es greifbar für dich ist. Nur für dich alleine. Schaue immer mal wieder hinein, vielleicht hast du hin und wieder Ergänzungen oder ein Ziel, einen Wunsch sogar erreicht.

Du siehst, es gibt viele Dinge die du tun kannst, um dich um dich selbst zu kümmern. Wichtig ist nur das du dir wirklich hin und wieder etwas Zeit für dich selbst nimmst. Es ist nicht wichtig das du dir einen Kalender anschaffst oder dir selbst vorschreibst „ich muss jede Woche etwas von diesen Dingen für mich machen." Nein, du solltest dich nicht wieder unter Druck setzen. Behalte dir einfach mal ab und an Raum und Zeit für dich Selbst zu schaffen.

In dieser heutigen westlichen Gesellschaft sind wir Stress schon ohnehin genug ausgesetzt. Es gibt leider immer weniger Menschen denen „Nächstenliebe" etwas bedeutet, wahrscheinlich wissen viele nicht einmal was dieses Wort für eine Bedeutung hat...

Also warte am besten nicht darauf
das sich jemand um deine Seele,
Psyche, Gesundheit oder dein
Wohlbefinden kümmert. Du selbst
musst dir ein schützender, dich
liebender, besorgter Freund sein.

Eines solltest du jedoch unbedingt
machen, kümmere dich um Andere.
Zeige deinen Mitmenschen was es
heißt umsorgt und geliebt zu werden.
Lasse niemanden im Stich und
behandele die Menschen so, wie du
es gerne selbst verspürst.

- „Wir sollten unsere Seelen
  „baumeln" lassen, um nicht noch
  steifer zu werden." -

Kapitel 18

Rollenspiele

Von Anfang an hatte jeder Mensch eine oder mehrere Rollen, die er zu erfüllen hatte. Schon von Beginn der Menschheit hatte jedes Lebewesen seine Aufgaben, Pflichten und Qualitäten. Damit ist das Leben in einer Gesellschaft gesichert.

Wer verteilt diese Aufgaben?

Hast du dir all deine Rollen und Aufgaben selbst ausgesucht?

Nein! In die ein oder anderen Rollen wirst du automatisch hineingeboren. Zum Beispiel in die Rolle als Tochter, oder Sohn, diese kannst du dir selbst nicht aussuchen. Du wurdest in diese Rolle hineingeboren.

Sobald du in eine Familie geboren wirst, hast du sogar nicht nur die Rolle der Tochter oder des Sohnes, du bist vielleicht Bruder oder Schwester,

Enkelkind, Nichte oder Neffe und hast Familienintern somit mehrere Rollen.

Jede deiner Rollen hat einen anderen Schwerpunkt, andere Aufgaben und vor allem treten dir die Menschen aus deiner Familie mit einer jeweils unterschiedlichen Erwartungshaltung entgegen.

Hier ein simples Beispiel:

Tochter/ Sohn (Rolle): In dieser Rolle wird von dir Anstand, Benehmen und Respekt erwartet. Du wirst gefördert und auf „richtige Bahnen" gelenkt.

Als Tochter oder Sohn solltest du dich in den Familienalltag integrieren und dich an Regeln halten.

Du bist das Kind deiner Mutter und deines Vaters und wirst es immer bleiben.

Als Erzeugnis deiner Eltern solltest du diese stets mit Respekt und Dankbarkeit behandeln, denn sie haben dich geboren.

Schwester/ Bruder (Rolle): Hier bist du je nach Altersunterschied Spielgefährte oder Vorbild.

Du bist entweder älter; du solltest klüger, reifer und erwachsener sein um ein gutes, vernünftiges Vorbild abzugeben. Du bist „Babysitter". Verständnis wird von dir erwartet in jeglicher Hinsicht da du älter und „weiter" als dein(e) Bruder/ Schwester bist.

Im relativ gleichen Alter, solltet ihr als Geschwister gemeinsame Dinge unternehmen und euch alles teilen. Im besten Falle solltet ihr den selben Freundeskreis pflegen.

Als jüngerer Bruder oder jüngere Schwester seid ihr das „Nesthäkchen". Ihr werdet behütet und bevorzugt, da eure größeren Geschwister schon selbstständig sein sollten. Als jünger Part, kommt ihr in den Genuss nicht nur die Eltern, sondern auch das ältere Geschwisterteil als Vorbild zu betrachten.

Dieses kurze Beispiel soll Dir nur erläutern welche verschiedenen Aufgaben du nur Familienintern hast und welche Erwartungen somit an dich gestellt werden. Natürlich weichen diese, je nach Familie ab. In der eine Familie gibt es sogar noch mehr Erwartungen, in der anderen eventuell weniger.

Nun wirst du aber im Laufe deines Lebens nicht nur deine Familie um dich herum haben, sondern Freunde,

Bekannte, Vorgesetzte, Kollegen und einen Lebenspartner...

Je älter du sein wirst, desto mehr verschiedene Rollen wirst du haben. Du wirst merken das von jeder Rolle etwas anderes erwartet wird. Die eine Rolle wird dir leichter fallen, die andere wird dich vielleicht an Grenzen bringen.

Für dein Umfeld wird es jedoch allein wichtig sein das du der jeweiligen Rolle gerecht wirst. Dabei solltest du jedoch stets daran denken;

„Du selbst kannst entscheiden wie du diese Rollen erfüllen möchtest!"

Du musst nicht alles was von dir erwartet wird erfüllen. Denke an deine wichtigste Rolle „Sei Du Selbst!"

Du bist nicht nur Kind, Geschwisterteil, Elternteil, Kollege,

Vorgesetzter, Freund oder
Ehepartner. Du bist ein Individuum.
Ein Mensch fernab all deiner Rollen in
der Gesellschaft. Versuche immer
wieder deine Mitte zu finden und dir
selbst treu zu bleiben. Stehe für dich
selbst.

Erinnere Dich an die Kapitel in der ich
am Abgrund zu sein schien. Auch
diese Dinge; Panikattacken,
Schlafstörungen und depressive
Phasen, sind teilweise Ergebnisse
von eigenen Rollenkonflikten. Wenn
du versuchst allem gerecht zu werden
und dabei unbewusst auf der Strecke
bleibst, wirst du deine innere Mitte
verlieren und immer mehr in einen
Sog gelangen. Dieser Sog führt zur
absoluten Überlastung.

Da jeder Mensch psychisch sowie
physisch anders ist, muss es nicht bei
jedem exakt symptomatisch ablaufen.
Auch die Belastbarkeit ist bei dem

einem größer, bei dem anderen geringer.

Eins sollte dir nur bewusst sein, früher oder später werden Belastungen, unverarbeitete Gefühle, Rollenkonflikte und andere seelischen Konfrontationen ans Licht kommen. Außer du bist ein Stein, ohne Gefühl und Leben... Da du dieses Buch lesen kannst, schließe ich letzteres aus.

Ich persönlich bin der Meinung das wir viel zu selten unsere Rolle, in meinem Fall die Rolle als „Lisa" ausleben. Wir sind irgendwie stets bedacht all unseren Rollen bestmöglich gerecht zu werden. Wir sprechen oder handeln nicht immer hundertprozentig als „Lisa" sondern oftmals als Krankenschwester, Schwiegertochter, Tochter, Enkelin, Ehefrau, Freundin oder Schwester. Zumindest spreche ich hiermit für mich persönlich.

Klar äußere ich meine Meinung, bin ehrlich zu meinem Gegenüber und spreche keinen Unsinn. Aber je nach eingenommener „Rolle", handele ich oftmals wie es von meinem Gegenüber erwartet wird oder wähle meine Worte bedacht und angepasst an die derzeitige Rolle.

Leider merken wir dann erst wenn wir selbst im Konflikt mit uns sind, das wir viel zu oft gesteuert und beeinflusst von all unseren Rollen handeln.

Aber der erste Schritt ist der Schritt der Einsicht und deshalb sind wir in der Lage uns stetig zu reflektieren, und unser Handeln und Denken an unsere Bedürfnisse anzupassen. Wichtig ist es dennoch auch, durch Einfühlsamkeit, Verständnis für unsere Mitmenschen aufzubringen, denn diese handeln so wie wir auch manchmal gesteuert von ihren jeweiligen Rollen.

Wir stecken uns gegenseitig so oft, zu schnell in irgendwelche Schubladen. Kein Mensch möchte von seinem Gegenüber bewertet, abgestempelt oder unfair beurteilt werden. Im Austausch mit anderen Personen sollte man immer einfühlsam sein. Zuhören und Reflexion sind eines der wichtigen Werkzeuge der Kommunikation.

Kapitel 19

Die Interpretation der Vergangenheit

Vor kurzem habe ich mich mit einer alten Schulfreundin über die „alten Zeiten" unterhalten. Wir sprachen über unsere frühere Freundschaft, über den damaligen Freundeskreis und unsere gemeinsame Zeit in unserer Schulklasse.

Es war ziemlich interessant und teilweise verwunderlich, wie unterschiedlich unsere Auffassung, unsere Interpretation einiger Dinge und Situationen war.

Meine alte Schulfreundin kenne ich, seitdem unsere Eltern nebeneinander gebaut hatten.

Natürlich waren wir als Kinder oft mit auf der Baustelle, ziemlich schnell lernten wir uns kennen und wahren Freunde.

„Carla" (so nenne ich sie hier in diesem Buch) und ich,

waren im selben alter. Schon bald landeten wir auch in der selben Schulklasse. Es gab ein Mädchen in der Straße, sie war etwas später zugezogen. Ich kannte sie schon von der Grundschule, als wir noch in einem Nachbarort gewohnt hatten. Dieses Mädchen war ebenfalls eine Freundin von Carla und mir geworden. Jedoch war es meist so, sobald wir zu dritt waren, gab es Streitigkeiten und negative Stimmungen.

Carla war früher ein relativ dürres, unscheinbares Mädchen gewesen. Sie hatte lange blonde Haare und eine blasse Hautfarbe.

Auch ihr Verhalten war eher zurückhaltend und schüchtern. Ich selbst war schon immer ein sehr aufgewecktes Kind, lachte viel und hatte eine sehr temperamentvolle Art.

Trotz meinem sehr aufgeweckten
Verhalten, war ich was „Probleme" wie
Liebeskummer oder andere
„Kinderdramen" eher zurückhaltend
und machte diese Dinge ganz alleine
mit mir selbst aus.

Bei unserem Wiedersehen 2018,
waren mittlerweile fast 10 Jahre
vergangen. Carla erzählte mir, sie
hätte mich früher als „Unerreichbar"
angesehen.

Sie sagte „für mich warst du eine sehr
dominante Persönlichkeit. Du warst
immer eine von den coolen und ich
wollte immer so sein,
beziehungsweise besser sein als du."

Dieser Satz überraschte mich wirklich
sehr. Ich konnte diese Interpretation
meiner Persönlichkeit, zu diesem
früheren Zeitpunkt, kaum
nachvollziehen.

Ich persönlich habe mich nie als eine der „coolen" gefühlt. Oftmals haben mir einige Kinder/ Jugendliche aus meinem Umfeld mir das genaue Gegenteil vermittelt. Nicht selten habe ich mich als etwas minderwertiges gefühlt.

Zumindest bis zum 8. Schuljahr fühlte ich mich oftmals minderwertiger als es in meinen Augen die anderen waren.

Auch Carla kam meine Interpretation ganz anders vor, als sie es verspürt hatte.

An dieser Sache sieht man aber mal, das jeder eine andere Auffassung von Dingen und Situationen hat.

Erst recht wenn einem selbst ein gewisses Hintergrundwissen fehlt und man dadurch Situationen durch die eigene Auffassung und Schubladendenken beurteilt.

Einiges aus unserem Gespräch an diesem Abend, hatte ich schon gar nicht mehr in meinem Gedächtnis abgespeichert. Vieles kam mir sehr unbekannt und unrealistisch vor.

Carla erzählte mir von einigen Situationen die mehr und mehr dazu führten das unsere Wege sich auf freundschaftlicher Ebene trennten. Einiges kann ich im Rückblick wirklich verstehen. Ich verstehe das sich diese Freundschaft irgendwann mehr und mehr auflöste. Damals habe ich mich mehr und mehr an die Person „das zugezogene Nachbarschaftsmädchen" gewandt.

Ich genoss die Freiheit und Wildheit die mir durch diese Familie übermittelt wurde.

Mit diesem Mädchen fühlte ich mich einfach erwachsener und cooler. Wir tranken mit dreizehn Alkohol, gingen auf wilde Partys und hatten Kontakt mit älteren Jungs. Die Mutter dieses besagten Mädchens war geschieden und froh wenn die Kinder allesamt aus dem Haus waren. Sie erlaubte fast alles und feierte teilweise mit, besorgte uns Alkohol und gab uns einen kostenlosen Platz zum feiern.

In meiner Jugendlichen Naivität, sah ich das alles natürlich als total cool und locker an. Ich habe mir teilweise gewünscht ich wäre Teil dieser Familie.

Je älter wir wurden, desto brisanter wurden die Situationen. Es ging irgendwann nicht mehr um Kinderkram... Es ging um Jungs, Sex, Erfahrungen und Kriminalität.

Die Dinge wurden mit der Zeit immer abgefahrener und kaum noch normal. Irgendwann folgte eine Intrige der anderen, das Meer aus Lügen stieg und es begann eine Art „falscher Film". Diese „Beste Freundin" oder „Schwester" so wie ich sie als Mensch empfand, entwickelte sich zu einer notorischen Lügnerin, die daran bedacht war Menschen gegeneinander auszuspielen und alles an sich zu reißen.

Ich vertraute ihr Dinge an die sie weitererzählte und sie nutzte einiges Wissen aus, um mich bewusst zu verletzen.

Menschen die mir wichtig waren, manipulierte sie zu ihrem Gunsten. Wenn ich in einen Jungen verliebt war, bohrte sie so lange an diesem Kerl, bis sie dann „ungewollt und absichtslos" mit ihm in der Kiste lag.

Ich war irgendwann, (circa achte Klasse) in einer „Beziehung", sie füllte mich an einem Partyabend ab,

sodass ich wirklich nichts mehr
mitbekam, ich war wahrscheinlich
kurz vor der Bewusstlosigkeit
angekommen. Meine tolle beste
Freundin platzierte mein Gesicht auf
dem Schoß eines Typen, sodass es
den Anschein eines Blowjob machte.
Was ich natürlich nicht tat, aber sie
nutzte in diesem Zeitpunkt meinen
absoluten Kontrollverlust aus.

Zur schlussendlichen Krönung,
machte sie ein nettes
Erinnerungsfoto.

Montags dann machte mein
damaliger Schul- Freund mit mir
Schluss.

Dreimal dürft ihr raten was er schönes
von meiner Freundin unter die Nase
gerieben bekommen hat... Natürlich
musste sie ihm unbedingt das schöne
Bildmaterial von dem besagten Abend
am vorherigen Wochenende zeigen...

So ging es weiter und weiter. Dieses Mädchen hatte einige bösartige, verlogene Tricks auf Lager...

Irgendwann glücklicherweise habe ich meine „rosarotes Brille" abgesetzt und beendete diese Freundschaft für immer. Bis heute spielt dieser Mensch für mich keine Rolle mehr.

Ich konnte vieles aus dieser Zeit lernen, einiges hätte ich mir zwar gerne erspart, aber nichts passiert ohne Grund.

Leider habe ich mich durch diese Person zu sehr beeinflussen und lenken lassen, ich habe damals Charakterzüge übernommen um ihr zu imponieren. Menschen die es ehrlich gemeint haben, ließ ich links liegen. Ich tat Dinge die gemein, verletzend und entwürdigend für andere waren. Heute weiß ich warum und bereue mein damaliges Handeln.

Auch Carla wurde leider oftmals unfair und gemein behandelt. So erzählte sie es mir zumindest. Heute weiß ich einige Sachen gar nicht mehr.

Vieles finde ich einfach nur beschämend und wirklich schlimm, aber ich war sehr froh darüber, dass wir uns jetzt zehn Jahre später ehrlich und erwachsen gegenüber treten können. Man kann nichts mehr ungeschehen machen, jedoch kann man seine Fehler reflektieren und sich auf einen besseren Weg begeben.

Diesen Weg habe ich mit siebzehn beschritten und gehe ihn bis heute, zumindest versuche ich immer wieder durch Selbsterkenntnis und Liebe nicht vom Weg abzukommen.

So hat jeder seine Vergangenheit aus der er lernen kann. Es gibt viele negative aber auch positive Charaktere, die in deinem Leben, kommen und gehen. Du musst dir nur bewusst werden das jeder dieser Menschen ein weiterer Lern- und Wachstumsprozess ist. Klar gibt es in Situationen diese Gedanken; „ich wünschte ich hätte diese Person niemals kennengelernt.", „warum bin ich von solchen Menschen umgeben... Ich denke diese Gedanken sind normal, jeder hat sie hin und wieder.

Aber wie sagt man so schön

- „Jede negative Erfahrung bringt schlussendlich etwas Gutes mit sich." -

Mit deinem Selbst, deiner Persönlichkeit ist es vereinfacht erklärt, wie mit einem Gemälde; je mehr Kreativität und Energie du hineinsteckst, je mehr Zeit zu investierst, je öfter du es von außen betrachtest, desto schöner, bunter, lebendiger und individueller wird das Ergebnis.

Eines der wichtigsten Dinge ist es sich immer wieder ins Bewusstsein zu rufen, du selbst bist dir am nächsten.

Kapitel 20

Reflexion, Information und Interaktion

Nur du allein kannst dein Leben nach deiner bestmöglichen Vorstellung beeinflussen und es so gestalten wie es dir am liebsten ist. Du trifft deine Entscheidungen über dich selbst, dein Leben und dein Umfeld. Lass dich nicht blenden und beeinflussen von Unwahrheiten und falschen Realitäten.

Alles war wir heutzutage sehen und hören wird durch Medien beeinflusst und verschönert oder nachgerichtet. So wie zu Anfang dieses Buches schon erwähnt, leben wir oftmals das Leben falscher Vorstellungen. Wir nehmen uns Bilder die nachträglich bearbeitet sind als Vorbild.

Möchten noch schöner, schlanker und vitaler sein, anhand von „Fake"-News.

Statt sich Berichte von unseriösen Seiten, die von großen geldgierigen Konzernen dargestellt werden anzuschauen und sich mit „Müll" zu bereichern, sollten wir hin und wieder zu Büchern greifen. Bücher, Lexika, Lektüren und Berichte die auf wirklichen Wahrheiten und reinem Wissen basieren.

Wir sollten Dinge endlich hinterfragen und nicht das vorgekaute, infizierte Wissen einfach so hinnehmen. Dingen die uns wirklich wichtig sind und uns interessieren, sollten wir näher auf den Grund gehen. Wir sollten unser Wissen mit Informationen aus verschiedensten Quellen, ob aus Büchern oder durch andere Weise Menschen bereichern. Es gibt niemals nur eine Antwort oder eine Sicht der Dinge.

Schaue dir für einen Spaß mal
Berichte vom verschiedenen
Jahrzehnten an, einiges wiederholt
sich hin und wieder, einiges
widerspricht sich von Jahrzehnt zu
Jahrzehnt.

Zum Beispiel ließt du einen Bericht
über Kokosnuss- Öl 2010: In diesem
Bericht wird dir gesagt, dass
jahrelange Studien nun bewiesen
haben, Kokosnuss- Öl wäre ein
wahres Wundermittel für Körper,
Gesundheit, Schönheit und Haushalt.
Achtzehn Jahre später „2018"
tauchen plötzlich brandheiße, aktuelle
Berichte über die Gefährlichkeit von
Kokosnuss- Öl auf.

In denen heißt es Kokosnuss- Öl sei
gesundheitsgefährdend und sogar
krebserregend.

Auch diese aktuellen Meldungen zu diesem Thema sind natürlich „studiengeprüft". Solche verrückten Meldungen gibt es Tag für Tag, über jedes Thema. Ganz ehrlich gesagt glaube ich diesen ganzen Müll nicht. Meiner Meinung nach, basiert jede Meldung, zumindest 70% auf einem wirtschaftlichen Hintergrund.

Das Hauptaugenmerk der Welt ist das Geld, begleitet von Werbung, Profit und Einfluss auf die Gehirne Unwissender.

Schon von klein auf werden wir Menschen manipuliert und gesteuert durch Medien. Kinder sehen Cornflakes die „groß und stark" machen und noch eine coole Überraschung enthalten... Natürlich ist ein Kind begeistert und möchte unbedingt diese Cornflakes essen, vor allem begeistert das enthaltene Spielzeug.

Allein die Verpackung ist für ein Kind schon sehr ansprechend und verzaubert beim ersten Blick. Das die Cornflakes aus purer Chemie, Zucker und Müll bestehen, das spielt keine Rolle. Auf den Verpackungen findet man nur irgendwelche Codes und Benennungen die einem als desinteressierte Laie nichts verraten. So soll es sein.

Würden die Inhaltsstoffe inklusive Schadstoffe aufschlussreich auf der Verpackung stehen, würden keine Eltern ihren Kindern so ein Frühstück vorsetzen.

Meiner Meinung nach, liegt es an jedem einzelnen von uns Menschen, Dinge genauer und allumfassend zu betrachten. Wir müssen einiges hinterfragen, Unklarheiten durch Informationen beheben und dürfen nicht alles glauben und hinnehmen was wir hören oder sehen.

Jeder ist im Stande sich Wissen anzueignen und sich über Dinge genauer zu informieren. Wir alle sollten unseren gesunden Menschenverstand selbst trainieren und nicht nur manipulieren lassen. Nur weil du etwas bei irgendeinem dämlichen Sender gesehen hast, oder deine Nachbarin etwas behauptet, entspricht es nicht gleich der Wahrheit.

Es gibt so viele „Wahrheiten", jeder Mensch hat zu einem Thema vielleicht eine andere. Zu allem gibt es Studien die dies oder das beweisen, nächstes Jahr sieht es vielleicht schon wieder ganz anders aus. Natürlich ist es zeitaufwändig sich über alles und jeden genau zu informieren und brauchbares zu filtern, es liegt an jedem selbst was er an Zeit opfern möchte um ein gesundes, angenehmes und glückliches Leben zu führen.

Auch ich selbst lasse mich mit
Sicherheit öfter in die Irre führen...

So wie damals mit dieser einen
Freundschaft. Irgendwann sollte
jedoch der Moment des Erwachens
kommen. Und dieser Moment kommt.
Früher oder später öffnet man die
Augen und sieht die Wahrheit. Dies
geschieht dann auf die sanftere Tour
oder Schlag auf Schlag auf die Harte.

Je mehr du selbst an dir und deiner
Sicht arbeitest, desto sanfter kommt
die Wahrheit in dein Leben. Denn
wenn du dich selbst reflektierst und
Dinge von mehreren Seiten
betrachtest, siehst du auch klarer und
deutlicher. Diese Sicht hilft dir in allen
Bereichen deines Lebens, ob in der
Gesundheit, deiner Ernährung, dem
sozialen Umfeld, deiner Arbeit,
deinem Glauben. Alles sollte
allumfassend betrachtet werden.

Je klarer dein Geist ist, desto entwicklungsfähiger bist du und zwar in viele verschiedene Richtungen.

Stell dir vor du würdest stetig nur geradeaus schauen, du würdest einiges sehen, jedoch nur das was sich direkt vor dir, in deinem Blickwinkel befindet. Du würdest niemals wissen was rechts, links oder hinter dir ist.

Du könntest dich zwar mit Menschen unterhalten, diese würden dir dann erzählen was sich rechts, links oder hinter dir befindet. Ob die Aussagen der Menschen der Wahrheit entsprechen, könntest du allerdings niemals selbst überprüfen. Du müsstest es glauben oder würdest es als Lüge betrachten. Wenn du aber in der Lage bist nicht nur geradeaus zu schauen sondern in alle Richtungen, dann siehst du auch das, was hinter oder neben dir, ja sogar was über oder unter dir ist. Dieser Blickwinkel in alle Richtungen erlaubt es dir nun die Aussagen der Menschen selbst zu überprüfen.

Wir alle sind in der Lage unseren Blickwinkel in alle Richtungen zu lenken und die Welt selbst zu erkunden. Heutzutage ist uns fast alles möglich. Wir sollten dankbar für unsere Welt sein und endlich anfangen, bewusster und weiser in ihr zu agieren. Wir alle haben unseren Geist, die mentale Stärke, Erfahrungen, Intuition und ein Herz. Also sollten wir das alles nutzen um zu leben.

\- „Jeder befindet sich auf dem Weg des Lebens, also sollten wir unsere Schritte weise wählen um voran zu kommen. Wenn wir stürzen sollten wir nicht liegen bleiben und uns ärgern. Wir müssen den Grund des Sturzes wahrnehmen, daraus lernen und weiter gehen." -

Vielleicht lest ihr einige Zeilen und könnt euch damit identifizieren. Mir persönlich hat es viel Freude bereitet endlich meine Gedanken, Gefühle und Worte auf Papier zu bringen.

Das Schreiben ist für mich ein weiterer Schritt auf meinem persönlichen Lebensweg.

Mit diesem Buch möchte ich mich bei allen Menschen bedanken, die mir auf meinem Weg stets helfen auf der richtigen Spur zu bleiben.

Danke für alle heilenden Gespräche, für die Unterstützung und den Glauben an mich. Danke das es so viele liebevolle, freundliche und ehrliche Wesen auf der Welt gibt. Vor allem meinem wundervollen Ehemann bin ich jeden Tag dankbar für seine Liebe und Unterstützung in jeder Hinsicht. Noch nie hat mich ein Mensch so ehrlich und liebevoll behandelt wie du es jeden Tag tust. Auch in komplizierten Situationen scheust du dich nicht ehrlich und aufrichtig zu sein. Du bist ein starker, wundervoller Mensch.

Auf den nächsten Seiten sind noch einmal alle Zitate aus meinem Buch „Nobody is perfect- Liebe dich und dein Leben" zusammengefasst. Dieses Buch ist mein erstes niedergeschriebenes Werk. Ich wünsche mir das ihr das ein oder andere vielleicht öfter einmal in euren Gedanken wieder finden könnt.

„Es ist nicht immer einfach aber
es ist nie unmöglich!"

„Wir sind Menschen mit
Emotionen keine Roboter, auch
wenn man unter dem ein oder
anderen Gefühlsfaulen einen
vermuten könnte …!"

„Je mehr Wege du kennst, desto
größer ist dein Horizont."

„Es ist einfacher einen Schuldigen
für seine Taten zu finden, als sich
selbst als Schuldiger an seine
Taten zu binden."

„Sich selbst zu erkennen, sich
selbst kritisch gegenüber zu stehen
und sich zu reflektieren, erfordert
Ehrlichkeit, Verständnis,
Mitgefühl und Mut zur
Veränderung."

„Das Beurteilen der Zukunft ist so sinnvoll wie das verurteilen der Vergangenheit. Es führt nur zur Inszenierung falscher Gefühlen und Emotionen und erschwert die Gegenwart aufgebaut auf einer Basis von Unsicherheiten und Eigenproduktionen trügerischer Gedanken."

„Eine Wahrheit kann dich verletzten für einen Moment und auf längere Zeit. Die Wahrheit lässt dich jedoch wachsen und gedeihen auf deinem Wege. Eine Lüge kann dich glücklich machen und beruhigen für einen Moment, aber nicht auf längere Zeit. Die Lüge lässt dich unsicher werden und wird dich auf einen Irrpfad voller Schmerz, Schuld und Unwahrheiten führen, bis du fällst und den Weg zu dir selbst verlierst."

„Du musst Dich lieben und annehmen, um einen anderen Menschen wahrhaftig lieben zu können. Solange du dich selbst verachtest und ablehnst, liebst du nur das Ideal in einem anderen Menschen, solange bis alltägliche Verhaltensweisen und mögliche charakterliche Schwächen die Oberfläche erreichen."

„Das Monster bist nicht du, es
ist in ihrem eigenen Spiegelbild."

„Wir sollten unsere Seelen
„baumeln" lassen, um nicht noch
steifer zu werden."

„Jede negative Erfahrung bringt
schlussendlich etwas Gutes mit
sich."

„Jeder befindet sich auf dem Weg des Lebens, also sollten wir unsere Schritte weise wählen um voran zu kommen. Wenn wir stürzen sollten wir nicht liegen bleiben und uns ärgern. Wir müssen den Grund des Sturzes wahrnehmen, daraus lernen und weiter gehen."

„Auch mit kleinen Päckchen wird dein Rucksack irgendwann schwer und untragbar!"-

Ende